Wirtschaft und Recht für Mittelstand und Handwerk

Studien und Dissertationen aus dem Ludwig-Fröhler-Institut für Handwerkswissenschaften

herausgegeben von

Prof. Dr. oec. publ. Gunther Friedl,
Technische Universität München

Prof. Dr. iur. Martin Burgi,
Ludwig-Maximilians-Universität München

Band 8

Rupprecht Podszun

Der EU Data Act und der Zugang zu Sekundärmärkten am Beispiel des Handwerks

LUDWIG
FRÖHLER
INSTITUT

Nomos

Gefördert durch:

Bundesministerium
für Wirtschaft
und Klimaschutz

aufgrund eines Beschlusses
des Deutschen Bundestages

DHKT

sowie die
Wirtschaftsministerien
der Bundesländer

Mitarbeit: Philipp Offergeld
Diese Untersuchung wurde im Auftrag des Ludwig-Fröhler-Instituts für Handwerkswissenschaften, München, erstellt. Dank ist Elisabeth Häringer und Margarete Rudzki vom Zentralverband des deutschen Handwerks (ZDH) geschuldet, die für hilfreiche Gespräche zur Verfügung standen.
Prof. Dr. Rupprecht Podszun ist Inhaber des Lehrstuhls für Bürgerliches Recht, deutsches und europäisches Wettbewerbsrecht an der Heinrich-Heine-Universität Düsseldorf und Direktor des Instituts für Kartellrecht. Philipp Offergeld ist Wissenschaftlicher Mitarbeiter an der Heinrich-Heine-Universität Düsseldorf.
Die hier vertretenen Auffassungen repräsentieren nicht notwendig die der genannten Institutionen.
Düsseldorf, 2022
Die Untersuchung wurde im Oktober 2022 abgeschlossen.
Kontakt: https://lfi-muenchen.de/

Die Deutsche Nationalbibliothek verzeichnet diese Publikation in der Deutschen Nationalbibliografie; detaillierte bibliographische Daten sind im Internet über http://dnb.d-nb.de abrufbar.

ISBN 978-3-7560-0521-5 (Print)
ISBN 978-3-7489-3877-4 (ePDF)

Onlineversion
Nomos eLibrary

1. Auflage 2023

Inhaltsverzeichnis

A. Datenzugang als Baustein der vernetzten Wirtschaft

Die Datenökonomie des 21. Jahrhunderts eröffnet großartige Chancen für Innovationen und gesteigerte Effizienzen. Neue Produkte und Leistungen sind möglich, Transaktionskosten können erheblich gesenkt werden. Die Potentiale der vernetzten Wirtschaft können aber nur realisiert werden, wenn alle Markteilnehmer in fairer Weise daran mitwirken können. Dafür ist der Zugang zu Plattformen, Software und Daten eine Schlüsselfrage.[1] Werden Nutzer oder Unternehmen ausgesperrt, kann es zu Vermachtungen, ungerechtfertigten Diskriminierungen und Schäden für Verbraucherinnen und Verbraucher kommen. In der Datenökonomie sind Zugangssperren technisch und rechtlich leicht umsetzbar: Wer keinen Zugriff auf die Datenbox eines vernetzten Geräts oder einer Anlage erhält, ist schnell aus dem Spiel.

Die Europäische Kommission hat dieses Problem erkannt und mit dem Entwurf des Data Acts[2] einen Vorschlag unterbreitet, um künftig im europäischen Recht „eine gerechte Verteilung der Wertschöpfung aus Daten auf die Akteure der Datenwirtschaft zu gewährleisten und den Datenzugang und die Datennutzung zu fördern."[3] Kern des Vorschlags ist ein grundlegender Anspruch auf Zugang zu Daten von „smarten" Geräten. Mit dieser Initiative greift die Kommission ein zentrales Problem auf. Der Vorschlag zieht wichtige Grundpfeiler in das entstehende rechtliche Gerüst der Datenökonomie ein.

Ziel der vorliegenden Studie ist es, die vorgeschlagenen Regeln zu prüfen und ggf. Verbesserungspotentiale aufzuzeigen. Dabei wird von der Perspektive kleinster und kleiner Unternehmen ausgegangen, die als Handwerksbetriebe oder sonstige Dienstleister ihre besonderen Leistungen dem Kunden gegenüber erbringen möchten. Sie dürfen insbesondere am Zugang zu Sekundärmärkten, also Märkten, die dem „smarten" Gerät nachgelagert sind, nicht durch fehlenden Datenzugang gehindert werden.

---

1 Umfassend *Podszun*, Handwerk in der digitalen Ökonomie, 2021.

2 Vorschlag für eine Verordnung des Europäischen Parlaments und des Rates über harmonisierte Vorschriften für einen fairen Datenzugang und eine faire Datennutzung (Datengesetz), 23.2.2022, COM(2022) 68 final. Im Folgenden ist von Data Act-Entwurf (Data Act-E) die Rede.

3 Vorschlag zum EU Data Act, 23.2.2022, COM(2022) 68 final, S. 3.

I. Datenzugang für das Handwerk

Wenn die Energieversorgung in einem Haus „smart" ist, wird sie digital gesteuert – zum Beispiel mit dem Smartphone. Verbrauchsdaten werden erfasst, intelligente Regulierung hilft beim Energiesparen, der Verschleiß von Materialien wird frühzeitig registriert. Das ist bequem und effizient. Wird die Energieanlage reparaturbedürftig, wird es in vielen Fällen für den zur Reparatur gerufenen Handwerker unerlässlich sein, auf den Computer und die Daten zuzugreifen, die in der smarten Anlage eingebaut sind und diese steuern. Doch wer hat den digitalen Schlüssel? Unter welchen Bedingungen wird der Zugangscode weitergegeben? Welcher Handwerksbetrieb wird beauftragt, wenn das System automatisch, vorausschauend, erkennt, wann eine Wartung nötig wird? Ist es noch der Hausbesitzer, der sich seinen Handwerksdienst aussucht? Oder erledigt das gleich die „Maschine" – und damit der Operateur des smarten Datennetzwerks, das sich um das Haus gesponnen hat? Wer kann Folgedienstleistungen anbieten, die an das smarte Gerät andocken, etwa weitere Komponenten anbauen oder neue Vernetzungen mit anderen Geräten herstellen?

Die Frage, wie der Zugang zu Daten reguliert wird, ist für die vernetzte Wirtschaft des 21. Jahrhunderts eine Schlüsselfrage. Gerade für Kleinstunternehmen, kleinere und mittlere Unternehmen, darunter insbesondere Handwerksbetriebe und Dienstleister, stellt diese Form der Digitalisierung eine Herausforderung dar: Sie werden weiterhin benötigt, das ist ohne Zweifel, denn die Mitarbeitenden dieser Betriebe sind vor Ort und können unmittelbar für die Kundschaft Leistungen erbringen. Die Betriebe werden in der Regel aber nicht selbst als Datenunternehmen tätig werden, die mit hoher IT-Expertise programmieren. In der Folge sind sie abhängig davon, Zugang zu ihren Kundinnen und Kunden zu erhalten, die ihre Angelegenheiten längst digital regeln und dabei im Zweifel in einem digitalen Netzwerk eingesponnen sind. Dieses Netzwerk wird vom Hersteller des smarten Geräts oder einem Datenoperateur (z.B. einem digitalen Gatekeeper wie Alphabet oder Apple) betrieben. Zugang wird die Schlüsselfrage, die über den wirtschaftlichen Erfolg entscheidet.

Das Beispiel der Energieanlage zeigt, dass es in erster Linie um den Zugang zu Sekundärmärkten geht. Mit diesem Begriff werden Wertschöpfungsstufen bezeichnet, die dem Vertrieb des Ausgangsprodukts (smarte Heizung) nachgelagert sind.[4] Auf Sekundärmärkten (*downstream markets*

4 Vgl. *Bechtold*, Die Kontrolle von Sekundärmärkten, 2007, S. 10; *Jung* in: Grabitz/Hilf/Nettesheim, Das Recht der EU, 2022, Art. 102 AEUV Rn. 248 f.

oder *aftermarkets*) werden also Leistungen erbracht, die in Abhängigkeit vom Produkt erbracht werden, das auf dem Primärmarkt angeboten wird. Sekundärmärkte sind volkswirtschaftlich bedeutsam. Aftersales, Ersatzteilvertrieb, Services, Wartung und Reparatur sind zu wichtigen Teilen der Wertschöpfung geworden. Hier ist das für Deutschland und Europa wirtschaftlich und kulturell so bedeutsame Handwerk vielfach tätig.

Sekundärmärkte stehen aber immer in der Gefahr, dass sich der Wettbewerb nicht richtig entfalten kann. Ohne Wettbewerb kommen Effizienz und Innovation zu kurz. Im Kartellrecht ist die Offenhaltung von Sekundärmärkten für Wettbewerb ein Dauerbrenner-Thema.[5] Häufig versuchen Hersteller, die auf dem Primärmarkt tätig sind, den scharfen Wettbewerb auf diesem Markt zu kompensieren, indem sie sich den nachgelagerten Markt vorbehalten. Dazu können technische oder rechtliche Strategien der Marktabschottung angewendet werden. Ein bekanntes Beispiel ist der mal technisch, mal rechtlich, manchmal auch nur psychologisch durchgesetzte Druck, nur Original-Ersatzteile des ursprünglichen Herstellers (OEM[6]) zu verwenden oder nur autorisierte Reparaturwerkstätten aufzusuchen. Solche Abschottungsstrategien führen für Verbraucherinnen und Verbraucher zu höheren Preisen, die nicht mehr wettbewerblich kontrolliert sind. Für die Leistungserbringer auf diesen Märkten, z.B. selbstständige Handwerker, droht die Abhängigkeit von anderen Unternehmen.

Die Digitalisierung schafft neue Möglichkeiten der Abschottung. Wer den Zugang zum Bordcomputer eines Autos nicht hat, wer die Daten einer Maschine nicht auslesen kann, muss sich aus dem Markt zurückziehen oder die Bedingungen desjenigen Unternehmens akzeptieren, das den Zugang kontrolliert. Wenn es zu Machtungleichgewichten kommt – internationaler Konzern auf der einen Seite, kleiner Handwerksbetrieb auf der anderen Seite – geraten die Leistungserbringer schnell in eine „Friss-oder-stirb"-Situation.

Die altbekannte Konstellation des Ringens zwischen OEMs und Handwerkern wird in der digitalen Ökonomie durch eine weitere Komponente verschärft: Die Silicon Valley-Konzerne, die sog. digitalen Gatekeeper, greifen in dieses Zusammenspiel ein, da sie eine überlegene Datenmacht haben und am besten in der Lage sind, Daten zu verwerten. Sie haben die Datenschätze des *Internet of Things* längst als Thema entdeckt. So hat

---

5 *Bechtold*, Die Kontrolle von Sekundärmärkten, 2007, S. 15 ff.; *Körber* in: Immenga/Mestmäcker, Wettbewerbsrecht, 2020, Art. 2 FKVO Rn. 64; *Xeniadis/Kühnert*, WuW 2008, 1054 ff.

6 OEM steht für Original Equipment Manufacturer, also den Erstausrüster.

– etwa im Gesundheitswesen – Google den Wearables-Anbieters Fitbit erworben.[7] Die Strategie liegt darin, dank der Datenhoheit, künftig auch Dienstleistungen im Gesundheitshandwerk und im medizinischen Bereich über eine Plattform zu steuern. Auch in anderen Bereichen dringen die großen Digitalunternehmen in den Bereich des Handwerks vor.[8] Die ökonomische Brisanz liegt auf der Hand. Möglicherweise geraten nicht nur die Dienstleister, sondern selbst die Hersteller von Geräten in die Abhängigkeit von noch mächtigeren Datennetzwerk-Operateuren: Es ist nicht gesagt, dass beispielsweise der Hersteller einer Waschmaschine, die in einem Smart Home integriert wird, am Ende die Hoheit über die Datennutzung in seinem Segment behält.

Nur am Rande sei darauf hingewiesen, dass das Internet of Things (IoT) mit lauter vernetzten Produkten und Diensten neben der starken Effizienzwirkung auch Schattenseiten hat. Insbesondere die umfassende Datensammlung und damit einhergehenden Überwachungsmöglichkeiten, aber auch die Anfälligkeit für Cyberrisiken und andere Aspekte werden teilweise kritisch gesehen.[9]

Primäre Zielrichtung aus wettbewerblicher Sicht muss es sein, den Wettbewerb auf Sekundärmärkten aufrecht zu erhalten. Nur das garantiert freie Auswahlentscheidungen der Konsumenten, günstige Preise bei Folgedienstleistungen, ein hohes Innovationspotential und die Unabhängigkeit der Unternehmen, die auf diesen Märkten tätig sind. Die Zugangsproblematik, die der Data Act regelt, ist dafür essenziell. Hier bieten sich Spielräume, da es keine rechtliche Zuweisung von Daten in den Verfügungsbereich bestimmter Personen gibt. Ein allgemeines Schutzrecht oder Eigentum an Daten gibt es – mit geringfügigen Ausnahmen, wenn Daten auch einmal Teil eines Immaterialgüterrechts sind – nicht.[10] Das gilt insbe-

---

7 Vgl. Europäische Kommission, 17.12.2020, Fall M.9660 – Google/Fitbit.

8 Umfassend *Albusen, Bizer et al.*, Plattformökonomie im Handwerk, Göttinger Beiträge zur Handwerksforschung 58, 2021; siehe auch DHZ, 9.12.2019, https://www.deutsche-handwerks-zeitung.de/amazon-kann-ein-komplettes-oekosystem-handwerk-organisieren-149216/; zu Apple CarPlay Tachometer 4/2022, abrufbar unter https://www.tachometer-magazin.de/magazin/innenspiegel/die-schlacht-hat-laengst-begonnen.

9 Beispielhaft *Casper/Grimpe*, ZIP 2022, 661; *Ohm/Kim*, Ohio State Law Journal (i.E.), 2022, Legacy Switches: A Proposal to Protect Privacy, Security, Competition, and the Environment from the Internet of Things, https://ssrn.com/abstract=4149789; *Drew*, Chinese technology in the 'Internet of Things' poses a new threat to the west, Financial Times, 10.8.2022, https://www.ft.com/content/cd81e231-a8d3-4bc0-820a-13f525a76117.

10 Ausführlich *Podszun*, Handwerk in der digitalen Ökonomie, 2021, S. 54 ff.

sondere für nicht-personenbezogene Daten, beispielsweise Maschinendaten, die im IoT besonders bedeutsam sind. Die *tatsächliche* Verfügungsgewalt über derartige Daten begründet keine rechtliche Privilegierung der Inhaber dieser Verfügungsmacht. Die Wertentscheidung, wer auf Daten zugreifen können soll, kann davon unabhängig getroffen werden.[11] Das unternimmt der EU Data Act.

Der Data Act hat darüber hinaus eine weitere wichtige Komponente: Er bietet einen Ansatz für eine erweiterte Zusammenarbeit in datengetriebenen Wertschöpfungsnetzwerken. Datenpools, in denen zunehmend im Zusammenwirken verschiedener Akteure Wertschöpfung geleistet wird, können auf Basis des Data Acts einfacher als bislang aufgebaut werden. Beispiel Gesundheitshandwerk: Für Hörgeräteakustiker, Optiker, Orthopädie- oder Zahntechniker wird es zukünftig immer wichtiger sein, mit anderen Akteuren des Gesundheitswesens vernetzt zu sein. Patientendaten werden digital gespeichert, darauf greifen die medizinischen Berufe, die Pharma- und die Medizinproduktehersteller, Versicherer usw. zu. Sie erkennen aus den Daten neue Muster, entwickeln neue Produkte und Dienstleistungen, vernetzen ihre Angebote. Nur wenn alle Beteiligten fair in dieses Netzwerk einbezogen werden, kann das volle Innovationspotential ausgeschöpft werden, weil kein Know-how verloren geht. Sobald eine Gruppe ausgeschlossen wird, geht ein Teil der moglichen Wertschöpfung verloren. Für die betroffene Gruppe entstehen Abhängigkeiten.

Das Handwerk ist nicht nur potenzieller Datenempfänger. In Handwerksbetrieben werden Daten generiert und gesammelt. Gerade der unmittelbare Kontakt zum Kunden, der für das Handwerk kennzeichnend ist, ermöglicht Produkt- und Serviceverbesserungen sowie die Erhebung und Analyse wichtiger Daten. Die Leistung vor Ort, die beim Kunden erbracht wird, lässt sich in Daten übersetzen. Das Handwerk hat also auch eine beträchtliche Chance in der Datenökonomie und kann die großartigen Produkte und Leistungen, die in Zukunft durch eine immer stärkere Zusammenarbeit ermöglicht werden, mitgestalten. Auch dafür kann der Data Act eine Grundlage bieten. Die Potentiale werden aber nur realisiert, wenn die Akteure im Wettbewerb und in fairer Weise am Markt agieren können.

---

11 *Specht-Riemenschneider*, ZRP 2022, 137, 138.

II. Bisherige rechtliche Lösungen

Der Zugang zu Daten ist kein gänzlich neues Thema. Mit der Zunahme smarter Geräte und der allgemeinen Vernetzung hat das Thema aber erheblich an Relevanz gewonnen. Bisherige rechtliche Lösungen für das Problem sind jeweils mit ihren eigenen Problemen behaftet.[12]

- Vertragliche Lösungen zwischen Geschäftspartnern sind der bevorzugte Standard. Allerdings erbringen Verträge nur dann angemessene Ergebnisse, wenn die Vertragsparteien auf Augenhöhe miteinander verhandeln können. Das ist nicht immer der Fall. Asymmetrische Verhandlungspositionen können zu Lasten des schwächeren Vertragspartners und der Endabnehmer ausgenutzt werden.
- Kartellrechtliche Ansätze, zuletzt gestärkt in der 10. GWB-Novelle durch einen weitreichenden Datenzugangsanspruch (§ 20 Abs. 1a GWB), können immer nur einzelfallabhängig geltend gemacht werden. Als Leuchtturmverfahren haben sie ihre Berechtigung. Für die tägliche Praxis dauern kartellrechtliche Verfahren jedoch meist zu lang.
- Sektorspezifische Zugangslösungen, wie etwa im Kfz-Gewerbe, sind oft hilfreich. Allerdings verbleiben auch hier Probleme, wenn keine einheitlichen offenen Schnittstellen vorhanden sind. So ist es für herstellerunabhängige Kfz-Werkstätten oft nicht wirtschaftlich, den Daten- und Software-Zugang zu allen Marken zu erwerben, selbst wenn Zugang grundsätzlich gewährt wird.[13] Zudem bleiben die sektorspezifischen Lösungen sektoral beschränkt – das ist angesichts der Konvergenz und Integration immer weiterer Märkte und Leistungen nicht zeitgemäß.

Aufhorchen lässt eine Marktlösung im Smart-Home Bereich, die von der Connectivity Standards Alliance für das IoT befördert wird. In der Allianz haben sich große Unternehmen wie Apple, Google und Amazon mit führenden Industrieunternehmen wie Assa Abloy, Ikea oder Schneider electric zusammengeschlossen, um einen gemeinsamen Standard (*Matter*) durchzusetzen. Über diesen Standard, der Ende 2022 für Endverbraucher freigegeben wurde, sollen die Geräte verschiedener Hersteller miteinander

12 Ausführlich *Podszun*, Handwerk in der digitalen Ökonomie, 2021, S. 75 ff.

13 Vgl. Deutsches Kraftfahrzeuggewerbe, Zugang zu Fahrzeugdaten, Positionspapier vom 20.1.2022. Der Verbraucherzentrale Bundesverband e.V. setzt sich im Kfz-Sektor für „Mobilitätsdatenwächter" ein, siehe vzbv, Mobilitätsdatenwächter, 2022; umfassend dazu *Reither/Methner/Schenkel*, Einführung eines „Mobilitätsdatenwächters" für eine verbrauchergerechte Datennutzung, 2022.

kommunizieren können. Auffällig ist die Dominanz großer Digitalunternehmen, die hier eine Partnerschaft mit großen Industrieunternehmen begründen. Fraglich an dieser Initiative ist, ob die Beherrschung durch die großen Konzerne nicht zu einem systemisch angelegten Ungleichgewicht gegenüber solchen Unternehmen führt, die schwerpunktmäßig den Sekundärmarkt bedienen. Wird der Zugang zu diesem gemeinsamen Kommunikationsstandard aber offen und nicht-diskriminierend ausgestaltet und sind die Zugriffsbedingungen auch im Übrigen angemessen und fair, würden sich zumindest einige der Probleme im IoT lösen lassen. Die Abhängigkeit von einzelnen digitalen Ökosystemen würde aufgebrochen.[14] Als Auffanglösung und rechtliches Druckmittel behält der EU Data Act auch bei einer weiten Implementierung dieses Standards seine Relevanz.

Die Regelungsansätze stoßen wegen restriktiver Regelungen zu Datenschutz, geistigem Eigentum, Geschäftsgeheimnissen und wettbewerblich problematischem Informationsaustausch an Grenzen. Gleichwohl sind viele Ansätze vorhanden, die einen verbesserten Datenzugang ermöglichen können. Der Durchbruch ist allerdings noch nicht gelungen.

III. Zielvorstellungen

Im Folgenden ist der Fokus dieser Untersuchung darauf gerichtet, welche Fragen und Probleme der aktuelle Entwurf des EU Data Act für den Zugang zu Sekundärmärkten aufwirft. Die folgenden Zielvorstellungen leiten die Bewertung der neuen rechtlichen Instrumente.[15]

1. Horizontales Instrument für den Datenzugang

Erforderlich ist, dass durch ein horizontales Instrument – also ein solches über alle Sektoren hinweg – eine Regelung geschaffen wird, die auf rechtssichere und einfache Weise Zugang zu Daten ermöglicht. Mit dem geplanten EU Data Act hat die Europäische Kommission im Grundsatz eine solche Regelung vorgeschlagen, die für alle Branchen gilt. Sie ist im Ansatzpunkt begrüßenswert, weil sie Grundregeln für einen allgemeinen Zugangsanspruch vorgibt.

---

14 Vgl. *Colangelo/Borgogno*, Shaping Interoperability for the IoT: The Case for Ecosystem-tailored Standardisation, 11.5.2022.

15 Siehe auch Erwägungsgrund 2-6 Data Act-E.

2. Fairer Leistungswettbewerb und Konsumentensouveränität

Die leitende Vorstellung einer neuen europarechtlichen Harmonisierung muss rechtlich und ökonomisch den Prinzipien der europäischen Wirtschaftsordnung als einer regelgebundenen Marktwirtschaft folgen. Auf diesen Prinzipien basiert der Erfolg der EU in den vergangenen Jahrzehnten. Kennzeichnend sind der faire Leistungswettbewerb und die Konsumentensouveränität.[16] Diese Grundwerte müssen durch den Datenzugang für die Datenökonomie – und gerade auch, wie schon bislang im Kartellrecht, für Sekundärmärkte – gesichert werden.

Mit Leistungswettbewerb ist gemeint, dass verschiedene Anbieter in einem freien Ringen miteinander um die Gunst der Kunden werben. Diese sollen nach Preis und Leistung entscheiden. Damit wird die Konsumentensouveränität geschützt: Die Abnehmer sind die „Schiedsrichter im Wettbewerb", die entscheiden, wer den Wettbewerb gewinnt. Voraussetzung dafür ist, dass sich die verschiedenen Anbieter überhaupt am Markt mit ihren Leistungen präsentieren können und nicht von vornherein durch Marktabschottung ausgeschlossen sind. Eine hohe Dynamik erhält der Wettbewerb, wenn die Auswahlentscheidungen immer wieder getroffen werden können. Lock-in-Effekte in der Folge einer einmal getroffenen Ausgangsentscheidung schmälern Innovationsanreize.[17] Wer Kunden einmal „gefangen" hat, ohne dass dies in der Folge noch von Wettbewerbern bestritten werden kann, hat erhebliche Ausbeutungspotenziale. Mit diesem Modell unvereinbar ist eine zentrale Steuerung der Wirtschaft durch große Netzwerkoperateure (die digitalen Gatekeeper), die die Chancen Dritter nach ihren eigenen Profitabsichten zuteilen und die Entscheidungen von Verbraucherinnen und Verbrauchern dank ihrer technologischen und informationellen Überlegenheit lenken.[18]

---

16 Vgl. *Eilmansberger/Kruis* in: Streinz, EUV/AEUV, 2018, Art. 102 AEUV Rn. 54.

17 Vgl. *Wolk*, 19 Cornell Journal of Law and Public Policy 2010, S. 795, 797; *Mariñoso*, 49 Journal of Industrial Economics 2001, S. 281; *Sato*, Usage Lock-In and Platform Competition, 2022.

18 Vgl. *Podszun*, Empfiehlt sich eine stärkere Regulierung von Online-Plattformen und anderen Digitalunternehmen? Gutachten zum 73. Deutschen Juristentag, 2020, S. F54.

3. Wesentliche Parameter für den Data Act

Mit diesen Zielvorstellungen lassen sich drei Kernforderungen für den EU Data Act verbinden:

- *Faire Chancenverteilung für die Marktakteure:* Die Frage der Zuordnung von Daten stellt sich für alle Marktakteure. Der Data Act muss sicherstellen, dass die Chancen in der Datenökonomie fair verteilt werden. Das bedeutet, dass kleinere und mittlere Unternehmen, die auf Sekundärmärkten tätig sind, beteiligt werden. Es darf nicht zu einer Privilegierung derjenigen Unternehmen kommen, die rein faktisch den Datenzugang kontrollieren. Dafür besteht weder normativ noch ökonomisch eine Rechtfertigung. Andernfalls wird ein Dateneigentumsrecht durch die Hintertür eingeführt. Die Datenökonomie wird nur dann beflügelt, wenn Zugang in fairer Weise für alle Marktakteure möglich ist.
- *Einfache Umsetzung ohne prohibitive Bedingungen:* Die Umsetzung der Zugangslösungen muss einfach und klar sein, damit nicht durch simple Obstruktionsmaßnahmen das Ziel einer florierenden und innovativen Datenwirtschaft vereitelt wird. Dazu sind allgemeine, unmittelbare Zugangslösungen erforderlich, die nicht einzelfallabhängig sind. Bedingungen und Kosten müssen überschaubar und leicht nachvollziehbar bleiben. Insbesondere dürfen geforderte Entgelte und notwendige Bedingungen nicht prohibitiv wirken. Das gilt auch für Begrenzungen, die aus Datenschutz, Immaterialgüterrecht, Geschäftsgeheimnisschutz oder Kartellrecht hergeleitet werden. Rechtsbehelfe müssen zur Verfügung stehen, die schnell Klarheit bringen, falls doch Streitigkeiten entstehen sollten.
- *Zugang zum Kunden durch Zugang zu Daten:* Die Abnehmer müssen entscheidend dafür sein, wer den Leistungswettbewerb gewinnt. Das bedeutet, dass ihre Auswahlfreiheit gewahrt bleibt. Die Diskussion über Zugang zu Daten ist insoweit irreführend, da es für viele Marktakteure nicht primär um den Zugang zu Rohdaten geht. Wesentlich ist, dass der Zugang zum Kunden nicht abgeschottet wird. Folglich muss Zugang, je nach Zweckrichtung, auch den Zugang zu Plattformen, Software, Dashboards oder bestimmten Hilfsinstrumenten umfassen. Datenzugangsrechte können nur dann ihre Wirksamkeit entfalten, wenn die Nachfrager von Leistungen eine Auswahl haben, wen sie beauftragen, und der Auftragnehmer die Möglichkeit hat, seine Leistungen marktgerecht zu erbringen.

Wird der Data Act diesen Punkten gerecht, ist das ein erheblicher Fortschritt für eine faire, wettbewerblich organisierte digitale Marktstruktur in der vernetzten Wirtschaft des 21. Jahrhunderts.

B. Der EU Data Act als Grundgesetz der Datenwirtschaft

Der Entwurf der Europäischen Kommission für den EU Data Act hat das Potential eine Art „Grundgesetz" der Datenwirtschaft zu werden.

I. Ziele und Regelungsmechanismen des Data Act-Entwurfs

Der Data Act ist von der Kommission als horizontales Instrument geplant, das über alle Sektoren hinweg Regelungen für den Datenzugang bei Produkten oder verbundenen Diensten schafft.[19] Es handelt sich um Regelungen für das Internet of Things, in dem Produkte zunehmend mit Chips zum Datensammeln und Sendern zur Kommunikation der gesammelten Daten vertrieben werden. Es geht also um Regeln, die z.B. für den „intelligenten" Kühlschrank gelten sollen, der in ein Smart-Home-Netzwerk eingebunden ist, smarte Fahrzeuge oder Maschinen in der vernetzten Fabrik.

Der hier beleuchtete Aspekt des Datenzugangs für Unternehmen ist nur ein Teilaspekt des Data Acts. Die Verordnung, gestützt auf Art. 114 AEUV, soll einzelne Teil des EU-Datenrechts umfassend regeln. Damit ist sie in die EU-Datenstrategie eingepasst[20], die u.a. auch den Digital Markets Act[21] und den Data Governance Act[22] umfasst. Der Data Act-Vorschlag der Kommission umfasst folgende Kapitel:

- Kapitel I (Art. 1-2) definiert den Anwendungsbereich des Data Acts und wichtige Begriffe.
- Kapitel II (Art. 3-7) regelt die Weitergabe von Daten durch Unternehmen, die den Zugang zu den Daten faktisch kontrollieren (sog. Dateninhaber) an Verbraucher (Nutzer) und an Dritte (sog. Datenempfänger). Für die Verhältnisse zwischen diesen Parteien werden in Kapitel

19 Data Act-E – Begründung, S. 6.

20 Mitteilung der Kommission, Eine europäische Datenstrategie, 19.2.2020, COM(2020) 66 final.

21 Verordnung (EU) 2022/1925 des Europäischen Parlaments und des Rates vom 14. September 2022 über bestreitbare und faire Märkte im digitalen Sektor und zur Änderung der Richtlinien (EU) 2019/1937 und (EU) 2020/1828.

22 Verordnung (EU) 2022/868 des Europäischen Parlaments und des Rates vom 30. Mai 2022 über europäische Daten-Governance und zur Änderung der Verordnung (EU) 2018/1724.

III (Art. 8-12) und IV (Art. 13) Bedingungen stipuliert. Dieser Teil steht im Fokus dieser Studie.

- Die übrigen Kapitel regeln die Datenweitergabe an öffentliche Stellen (Kapitel V, Art. 14-22), Portabilitätsverpflichtungen für sog. Datenverarbeitungsdienste (i.e. Cloud-Anbieter) (Kapitel VI, Art. 23-26), Schutzvorkehrungen für nicht-personenbezogene Daten im internationalen Verkehr (Kapitel VII, Art. 27) sowie Interoperabilitätsverpflichtungen (Kapitel VIII, Art. 28-30).
- In Kapitel IX (Art. 31-34) wird die Rechtsdurchsetzung thematisiert. Diese wird bei nationalen Behörden und in der privaten Rechtsdurchsetzung angesiedelt.
- Abschließende Regelungen betreffen das Datenbankrecht nach Richtlinie 96/9/EG (Kapitel X, Art. 35) und Schlussbestimmungen (Kapitel XI, Art. 36-42).

Die hier interessierende Thematik der Einräumung von Datenzugang wird im Dreiecksverhältnis gelöst. Beteiligt sind die *Nutzer* der smarten Produkte, die Inhaber der faktischen Kontrolle über die Daten (*Dateninhaber*) und Dritte, die Zugang zu diesen Daten begehren (*Datenempfänger*). Produkte sollen schon so konzipiert werden, dass Nutzer des Produkts standardmäßig, sicher und einfach direkten Zugang zu den bei der Nutzung erzeugten Daten haben (*access by design*), Art. 3 Abs. 1 Data Act-E. Ist ein solcher Zugang nicht vorhanden oder nicht möglich, gewährt der „Dateninhaber" (wobei die Verordnung offenbar davon ausgeht, dass es sich regelmäßig um den Hersteller des Produkts handelt)[23] dem Nutzer unverzüglich, kostenlos und ggf. kontinuierlich und in Echtzeit Zugang zu diesen Daten. Nutzer erhalten also gem. Art. 3 und 4 Data Act-E umfassend Zugang zu den Daten, die sie selbst bei der Produktnutzung erzeugt haben. Vor Erwerb des Produkts sind die Nutzer über Kernpunkte zu informieren (Art. 3 Abs. 2 Data Act-E). In Art. 4 werden weitere Vorgaben im Verhältnis Dateninhaber – Nutzer gemacht.

Gem. Art. 5 Data Act-E sind die Daten auf Verlangen des Nutzers auch Dritten unverzüglich zur Verfügung zu stellen. Diese Dritten, die sog. „Datenempfänger", sind nach dem gesetzlichen Leitbild vor allem Unternehmen, die auf einem nachgelagerten Markt Leistungen erbringen wollen.[24] Die Nutzung der vom Dateninhaber nach Zustimmung des Nutzers bereitgestellten Daten erfolgt zu bestimmten Bedingungen und ggf. gegen eine Gegenleistung. Der Data Act sieht dafür einen umfangrei-

---

23 Näher dazu *Specht-Riemenschneider*, MMR 2022, 809, 813.

24 Erwägungsgrund 6 Data Act-E; Data Act-E – Begründung, S. 16.

chen Katalog von Vorgaben vor: Die Pflichten der Dritten sind in Art. 6 Data Act-E festgehalten – etwa ein Verbot, mit den erhaltenen Daten ein Konkurrenzprodukt zum Ausgangsprodukt entwickeln. Art. 5 und 8 Data Act-E benennen Vorgaben für das Verhältnis von Dateninhaber und Datenempfänger, z.B. eine Pflicht, Daten zu FRAND-Bedingungen[25] zur Verfügung zu stellen, oder Vorgaben zum Datenschutz. Art. 9 Data Act-E bestimmt, dass eine angemessene Gegenleistung zu entrichten ist.

Sind die Datenempfänger Kleinstunternehmen oder kleinere und mittlere Unternehmen (KMU) i.S.v. Art. 2 des Anhangs der Empfehlung 2003/361/EG gelten spezielle Beschränkungen.[26] Die Gegenleistung darf dann nur die Kosten der Bereitstellung umfassen (Art. 9 Abs. 2 Data Act-E), zum Schutz dieser Unternehmen findet eine spezielle Klauselkontrolle nach Art. 13 (AGB-Kontrolle) statt.

Zur Rechtsdurchsetzung ist ein (nicht-verpflichtender) Streitbeilegungsmechanismus in Art. 10 Data Act-E vorgesehen. Das sonstige Rechtsdurchsetzungsrepertoire mit nationalen Behörden und Sanktionen ist in Art. 31-33 Data Act-E vorgeschrieben. Die private Rechtsdurchsetzung bei nationalen Gerichten bleibt möglich, wird im Data Act-E aber nur kursorisch angesprochen (z.B. in Art. 10 Abs. 5).

II. Überzeugende Ausgangspunkte des Data Act-Entwurfs

Der Data Act ist aus wettbewerblicher Sicht grundsätzlich zu begrüßen. Verbraucherinnen und Verbrauchern erhalten erstmals ein gesichertes Fundament, um auf Daten, die sie erzeugen zugreifen zu können – und das in besonders starker Form (access by design als Standardfall). Unternehmen, die auf Zugang zu Daten angewiesen sind, wird ein Weg aufgezeigt, wie sie diesen Zugang erlangen können. Das Dreiecksverhältnis wird geordnet. Es besteht das Potenzial, ein „Grundgesetz" des Internet of Things für den europäischen Binnenmarkt zu schaffen, das möglicherweise sogar darüber hinaus ausstrahlt.

Die Europäische Kommission erkennt zutreffend das Regelungsbedürfnis, um im Interesse aller Marktteilnehmer die vorhandenen Daten mög-

25 FRAND = fair, reasonable and non-discriminatory, vgl. Art. 8 Abs. 1 (fair, angemessen und nichtdiskriminierend).

26 Solche Unternehmen haben weniger als 250 Beschäftigte und einen Jahresumsatz von höchstens 50 Mio. EUR oder eine Jahresbilanzsumme von höchstens 43 Mio. EUR.

lichst effizient und innovativ zu verwerten.[27] Dass Wettbewerb auch in diesem Verhältnis – entgegen der Tendenz zur Datenkonzentration – aufrecht zu erhalten ist, wird festgestellt.[28] Der Kommissionsentwurf beinhaltet viele wichtige Grundlinien, an denen im Verlauf des Gesetzgebungsverfahrens festgehalten werden sollte. Schwachstellen, die im späteren Verlauf des Gutachtens aufgezeigt werden, knüpfen gerade an diese positiven Ausgangspunkte an.

1. Grundsätzliche Eröffnung von Datenzugang

An der grundlegenden Eröffnung eines Zugangs zu Daten, die bei der Nutzung „smarter“ Produkte durch Verbraucher oder gewerbliche Nutzer entstehen, ist festzuhalten. Die Europäische Kommission bietet mit dem Data Act einen Lösungsansatz für das in den vergangenen Jahren breit diskutierte Problem des Datenzugangs.[29] Erkannt wurde, dass die Erschließung von nachgelagerten Märkten voraussetzt, dass angemessene Zugangsmöglichkeiten bestehen. Abseits der bereits genannten sektorspezifischen Zugangsansprüche genügt das jetzige, vor allem auf Freiwilligkeit basierende System nicht den Bedürfnissen einer modernen Informationsgesellschaft.

a) Nutzerorientierung

Der Data Act stellt konzeptionell den Nutzer in den Mittelpunkt. Damit wird ein Legitimationsanker für die Zugangsgewährung gesetzt. Das ist gut vertretbar: Das marktwirtschaftliche System dient dazu, die Bedürfnisse der Nachfrager zu befriedigen. Sie an eine Schlüsselstelle zu rücken, ist konzeptionell daher ein gangbarer Weg. Die Entscheidungsbefugnis über den Zugang zu Daten soll damit bei den jeweiligen Eigentümern oder Nutzern der Produkte liegen. Sie haben für den Gegenstand gezahlt, der die Daten sammelt, erst ihre Produktnutzung erzeugt die Daten. Auch

27 Erwägungsgrund 1 Data Act-E.

28 Vgl. Data Act-E – Begründung, S. 2, 8, 16; Erwägungsgrund 28, 29, 43 Data Act-E.

29 Vgl. *Schweitzer*, GRUR 2019, 569; *Tribess*, ZD 2020, 440; *Wischmeyer/Herzog*, NJW 2020, 288; *Brenner* in: Bien et. al., Die 10. GWB-Novelle, 2021, Kapitel 1 Rn. 59 ff.; *Westermann* in: MüKo-Wettbewerbsrecht, Band 2, 2022, § 20 GWB Rn. 68 ff. Siehe dazu außerdem schon ausführlich *Podszun*, Handwerk in der digitalen Ökonomie, 2021.

wenn kein „Dateneigentum" im eigentlichen Sinn begründet wird, lässt sich dieser Anknüpfungspunkt gut legitimieren.

Damit verschiebt der Data Act – im Ausgangspunkt – die Datenhoheit von den Herstellern oder den Operateuren von Netzwerken hin zu den Nutzern. Theoretisch kann der Nutzer auch dem Hersteller eines smarten Produkts die Datennutzung untersagen.

Die Alternative, die Entscheidungsbefugnis unmittelbar einzelnen Unternehmen zuzuweisen (wohl den Herstellern), wäre zwar denkbar gewesen.[30] Die Folgefragen, die sich ergeben hätten, um Wettbewerbsverzerrungen, Lock-in-Effekte und Monopolisierungstendenzen zu vermeiden, wären jedoch anspruchsvoll gewesen. Der Nutzer ist als „Schiedsrichter im Wettbewerb" in einer neutraleren Position.

Möglicherweise wäre auch vorstellbar gewesen, die Daten ohne derartige Zuweisung zu belassen. Das wäre der allgemeinen Verfügbarkeit von Daten und der fehlenden rechtlichen Zuordnung gerecht geworden. Es hätten sich allerdings zwei Probleme gestellt: Erstens wäre es wesentlich schwieriger gewesen, die Verhältnisse unter den tatsächlich beteiligten Personen zu strukturieren. Im Data Act-E wird durch die Konstruktion von Vertragsverhältnissen den Interessen der drei Gruppen (Nutzer, Dateninhaber, Datenempfänger) Rechnung getragen – und das unter Berücksichtigung der Privatautonomie. Zweitens wird durch den Weg über die Nutzer-Einwilligung das datenschutzrechtliche Problem mitgelöst: Die datenschutzrechtlich in vielen Fällen erforderliche Einwilligung zur Datenverarbeitung (vgl. Art. 6 DSGVO) wird durch den Weg über den Nutzer gesichert.

b) Ökonomische Vorteile

Es ist nicht nur normativ richtig, sondern hat auch ökonomische Vorteile, Datenzugang umfassend zu ermöglichen.[31] So werden die Leistungen möglich, von denen die digitale Wirtschaft belebt werden soll.

---

30 Siehe dazu *Leistner/Antoine*, IPR and the use of open data and data sharing initiatives by public and private actors, 2022, S. 16 f.

31 Vgl. *Schweitzer/Haucap/Kerber/Welker*, Modernisierung der Missbrauchsaufsicht für marktmächtige Unternehmen, 2018, S. 128 ff; *Prüfer/Schottmüller*, Competing with Big Data, TILEC Discussion Paper 2017–006, 2019; *Lundqvist*, EuCML 2018, 146; *Schweitzer/Metzger et al.*, Data access and sharing in Germany and in the EU: Towards a coherent legal framework for the emerging data economy, Final

Indem der Nutzer in den Mittelpunkt gestellt wird, wird zugleich die Erwartung konstruiert, dass diese Leistungen an einem Nutzerbedürfnis orientiert werden. Innovationen auf Basis des Data Act werden so in die richtige Richtung gesteuert.

c) Standardsetzung für Folgerechtsakte

Positiv zu bewerten ist, dass der Data Act ein horizontales Grundlagengesetz für den Datenzugang ist.[32] Zukünftige sektor- oder anwendungsspezifische Zugangsansprüche können auf dem Data Act aufbauen. Solange solche spezifischeren Lösungen (z.B. innerhalb einer Branche) nicht gefunden werden, stellen die Regeln des Data Act für alle Wirtschaftszweige eine Auffanglösung zur Verfügung. Dass weitere sektorspezifische Zugangsansprüche neben den vereinzelt bereits bestehenden Lösungen[33] entstehen werden, ist zu erwarten, da der allgemein gefasste Data Act nicht sämtliche spezifische Detailfragen lösen kann. Für Folgenormierungen hat der Data Act dann aber Modellcharakter. So werden spezifischere Lösungen nicht hinter die gesetzten Standards zurückfallen können. Dazu zählen die Regeln über die Einbeziehung der Nutzer, FRAND-Bedingungen als Minimalmaßstab und die Ansätze für Datenzugang in Echtzeit.

d) Europäische Harmonisierung

Zu begrüßen ist, dass mit dem Data Act eine EU-weite Lösung angestrebt wird. Die Lösung auf Ebene des Unionsrechts nimmt zwar dem nationalen Gesetzgeber die Möglichkeit, weitere Datenzugangsregime zu schaffen,[34]

Report, 8 July 2022 (Gutachten für das Bundesministerium für Wirtschaft und Klimaschutz), S. 118 ff.

32 So auch *Kerber*, Governance of IoT Data: Why the EU Data Act will not Fulfill Its Objectives, 2022, S. 25; *Drexl et. al.*, Position Statement of the Max Planck Institute for Innovation and Competition of 25 May 2022 on the Commission's Proposal of 23 February 2022 for a Regulation on harmonised rules on fair access to and use of data (Data Act), 2022, Rn. 1; BDI, Stellungnahme zum Legislativvorschlag des EU-Data Act, 2022, S. 16.

33 Siehe dazu Data Act-E – Begründung, S. 6 f. Genannt werden etwa die Kfz-Typengenehmigung nach VO (EU) 2018/858 und VO (EU) 167/2013 oder die offene Schnittstelle für Finanzdienstleistungen nach der PSD2-Richtlinie (RL (EU) 2015/2366).

34 Erwägungsgrund 4 Data Act-E, Art. 1 Abs. 4 Data Act-E e.c.

die Harmonisierung schafft jedoch einen einheitlichen Rechtsrahmen für den Datenzugang für Europa. Im Sinne des „Brussels effect"[35] ist denkbar, dass die Vorgaben des Data Act auch außerhalb der Europäischen Union Wirkungen entfalten werden.

e) Überschaubarer Aufwand

Entgegen der Kritik einiger Stakeholder und Autoren bedeuten die Verpflichtungen aus dem Data Act für Dateninhaber keinen unverhältnismäßigen Aufwand.[36] Nach Art. 3 Abs. 1 Data Act-E sind die Unternehmen zwar gehalten ihre Produkte mit Blick auf den einfachen Datenzugang zu konzipieren (access by design), was zweifelsfrei mit Aufwand verbunden ist. Für die meisten Branchen kommen diese Hinweise aber in einem noch frühzeitigen Stadium, zumal nach Art. 42 Data Act-E nach Inkrafttreten eine Frist von weiteren 12 Monaten bis zur Umsetzung gilt.

Wer sich bislang darauf eingestellt hatte, Daten exklusiv kontrollieren zu können, hat auf extrem unsicherer Grundlage agiert: Dass eine Regelung der Datenthematik ansteht, war lange erwartet worden. Dass es gerade keine rechtliche Zuweisung der Daten an Hersteller oder Netzwerkoperateure gibt, ist in juristischen Kreisen bereits länger Konsens. Wer sein Geschäftsmodell auf die Kontrolle nachgelagerter Märkte ohne Einbindung der Produktnutzer/innen ausgerichtet hat, hat die rechtliche Lage und die rechtspolitische Diskussion verkannt und hat sich einer Rechtsmacht berühmt, die nie bestand. Zudem ist im Data Act Entwurf der Datenzugang für Dritte nur gegen angemessene Gegenleistung zu gewähren. Der verbleibende Umsetzungsaufwand für Unternehmen ist sachlich gerechtfertigt und zur Erreichung der Regelungsziele des Data Act verhältnismäßig.

35 Vgl. *Bradford*, The Brussels Effect: How the European Union Rules the World, 2019.

36 So aber BDI, Stellungnahme zum Legislativvorschlag des EU-Data Act, 2022, S. 12. Kritisch mit Blick auf Marktzutrittsbarrieren *Leistner/Antoine*, IPR and the use of open data and data sharing initiatives by public and private actors, 2022, S. 15.

2. Asymmetrische Regulierung

Zu begrüßen ist der Verordnungsentwurf der Europäischen Kommission auch hinsichtlich der darin erfolgenden asymmetrischen Regulierung. Es handelt sich nicht um eine allgemeingültige, für alle beteiligten Unternehmen gleichermaßen geltende Regulierung, sondern es wird anhand bestimmter Kriterien zwischen Unternehmen differenziert.

a) Ausnahme zu Lasten von Gatekeepern

Torwächter (Gatekeeper), die aufgrund Benennung durch die Kommission den Verpflichtungen des Digital Markets Act (DMA) unterliegen, kommen nur eingeschränkt als Datenempfänger in Betracht, Art. 5 Abs. 2 Data Act-E. Sie können den Zugang nicht wie andere Dritte verlangen. Zugangsberechtigten Datenempfängern ist es zudem untersagt, die aufgrund des Data Act erlangten Daten an Gatekeeper weiterzugeben, Art. 6 Abs. 2 lit. d Data Act-E. Sie können also nicht vom verpflichtenden Datenzugang profitieren.

Unbenommen bleibt es Dateninhabern jedoch, auf freiwilliger Basis Verträge über die Datennutzung mit Gatekeepern zu schließen, sofern der Nutzer dies nach Art. 4 Abs. 6 Data Act-E erlaubt.[37] Der Dateninhaber benötigt dafür zwar die Zustimmung des Nutzers. Praktisch wird der Dateninhaber diese Zustimmung wohl häufig im Rahmen des Erwerbs des Produkts, z.B. in AGB, erhalten.[38]

Die Kommission geht davon aus, dass es unverhältnismäßig wäre, Dateninhaber zum Datenteilen zugunsten von Gatekeepern zu verpflichten, da diese aufgrund ihrer Marktmacht und insbesondere finanziellen Mitteln auf einen Kontrahierungszwang nicht angewiesen sind.[39] Der Data Act knüpft an die Designation als Gatekeeper nach Art. 3 DMA an. Erfasst ist somit der gesamte Konzern. Ob die Daten für zentrale Plattformdienste i.S.d. DMA verwendet werden sollen oder nicht, ist irrelevant.

---

37 Vgl. Erwägungsgrund 38. Siehe auch *Kerber*, Governance of IoT Data: Why the EU Data Act will not Fulfill Its Objectives, 2022, S. 20; Verbraucherzentrale Bundesverband e.V., Verbraucher:innen beim Data Act im Blick behalten, 2022, S. 13.

38 Siehe dazu auch unten.

39 Erwägungsgrund 36 Data Act-E.

Die Erschwerung des Zugriffs von Gatekeepern auf Daten bedeutet, dass besonders datenmächtige und finanzstarke Unternehmen vom Data Act nicht in gleicher Weise wie andere Unternehmen profitieren können. Das könnte Innovationen etwas ausbremsen. Bedacht werden sollte auch, dass der Ausschluss von Gatekeepern auch die Freiheit der Nutzer einschränkt, „ihre“ Daten zu beliebigen Zwecken zu verwenden.[40] In einer Gesamtschau ist aber zu erwarten, dass die wettbewerblichen Chancen, die sich so für andere Marktteilnehmer eröffnen, die Nachteile überwiegen. Die Gatekeeper haben bereits derart verfestigte Machtpositionen, dass sie ohne weiteres das Feld rasch zu ihren Gunsten aufrollen könnten. Das würde Abhängigkeiten verschärfen und Machtzentren einseitig weiter anwachsen lassen. Dass sie weitere Daten nutzen wollen, um sozial wünschenswerte Innovationen hervorzubringen, ist keineswegs ausgemacht. Vielmehr könnten die Daten gerade auch verwendet werden, um Entwicklungen zu bremsen oder zu verhindern, die den Interessen der Gatekeeper zuwiderlaufen. Es ist im Übrigen davon auszugehen, dass die Verhandlungsmacht der Gatekeeper auch ohne die Möglichkeiten des Data Act groß genug ist, um Vertragsschlüsse herbeiführen zu können. Ein Innovationsverlust durch Ausklammern der Gatekeeper ist also nicht zu befürchten.

Erwogen werden sollte, dass auch Dateninhaber keine Möglichkeit erhalten, Gatekeepern die Daten zu überlassen. Jedenfalls sollte eine solche Befugnis an hohe Voraussetzungen hinsichtlich der Einwilligung der Nutzer und an weitere Bedingungen geknüpft werden, die sicherstellen, dass die Abhängigkeit von Gatekeepern für andere Unternehmen nicht steigt.

b) Levelling für kleinere Unternehmen

Im Data Act-E finden sich an verschiedenen Stellen Ausnahmen und Erweiterungen zugunsten von kleineren Unternehmen. Nach Art. 7 Abs. 1 Data Act-E sind Kleinst- und Kleinunternehmen (nicht aber mittlere Unternehmen) i.S.d. Art. 2 des Anhangs der Empfehlung 2003/361/EG nicht zur Herausgabe von Daten verpflichtet.[41] Damit werden diese Unternehmen, die meist weder über Datenexperten noch über

---

40 *Schweitzer/Metzger et al.*, Data access and sharing in Germany and in the EU: Towards a coherent legal framework for the emerging data economy, Final Report, 8 July 2022 (Gutachten für das Bundesministerium für Wirtschaft und Klimaschutz), S. 212.

41 Erwägungsgrund 37 Data Act-E.

Rechtsabteilungen verfügen, vor einer Überlastung durch Zugangsverlangen geschützt. Sie können auch ohne Beeinträchtigung durch Dritte ihre Produkte und Dienste entwickeln.

Kleinstunternehmen und KMU sind zudem nur zur Entrichtung einer Gegenleistung in Höhe der Kosten verpflichtet, die mit der Bereitstellung für den Datenempfänger unmittelbar zusammenhängen und dem Verlangen zuzurechnen sind. Obwohl der genaue Umfang auch dieser Kosten noch teilweise unklar ist,[42] wird damit verdeutlicht, dass die Kosten für diese Unternehmen, wenn sie Datenzugang begehren, auf das erforderliche Minimum zu begrenzen sind.

Darüber hinaus greift die AGB-Fairnesskontrolle gemäß Art. 13 Abs. 1 Data Act-E nur zugunsten von Kleinst- oder kleinen und mittleren Unternehmen i.S.d. Art. 2 des Anhangs der Empfehlung 2003/361/EG. Die Kommission sieht hier richtigerweise die Gefahr von Verhandlungsungleichgewichten zulasten von KMU.[43] Der besondere Schutz dieser Gruppe von Unternehmen rechtfertigt sich aus ihrer strukturell unterlegenen Position im Wettbewerb.

c) Weitergehende Differenzierung?

Leistner und *Antoine* kritisieren, dass die asymmetrische Regulierung noch nicht passgenau genug sei. Die jetzige Fassung des Data Act sei insofern zu weit gefasst, als dass Zugangsansprüche auch in Situationen ohne Indikation für ein Marktversagen gewährt würden.[44] Gleichzeitig sei sie zu eng, da in Bereichen mit erheblichem Marktversagen keine ausreichende Abhilfe geboten werde.[45] Diese Überlegungen sind nicht unberechtigt. Möglicherweise lässt sich im Entwurf des Data Act noch spezifischer auf die ungleiche Macht verschiedener Akteure abstellen. Allerdings darf nicht verkannt werden, dass der Ansatz der Verordnung nicht allein in einer Bekämpfung von Marktversagen aufgrund ungleicher Verhandlungsstärke begründet ist. Vielmehr soll – richtigerweise – die Datenteilung allgemein gefördert werden. Zudem birgt jede weitergehende Differenzierung hö-

42 Siehe dazu unten.

43 Erwägungsgrund 25 und 26 Data Act-E.

44 *Leistner/Antoine*, IPR and the use of open data and data sharing initiatives by public and private actors, 2022, S. 14.

45 *Leistner/Antoine*, IPR and the use of open data and data sharing initiatives by public and private actors, 2022, S. 14.

here Umsetzungskosten. Eine asymmetrische Regulierung, die über die genannten Aspekte hinausgeht, wäre insofern sehr sorgfältig abzuwägen.

3. Fairness-Paradigma im B2B-Verhältnis

Positiv zu würdigen ist der Vorstoß im Data Act, dass auch im B2B-Verhältnis eine Fairnesskontrolle der Datenteilungsverträge stattfinden soll.[46] Das ist für das Unionsrecht ein Novum. Während eine AGB-Kontrolle im deutschen B2B-Rechtsverkehr nach den §§ 305 ff. BGB schon lange stattfindet, ist dies in vielen anderen europäischen Rechtsordnungen eher ungewöhnlich und auch dem Unionsrecht fremd.

Die deutsche AGB-Kontrolle im B2B-Verhältnis stößt vielfach auf Kritik.[47] Eingewendet wird, dass Unternehmen grundsätzlich selbstverantwortlich ihre Vertragsfreiheit ausüben sollen und – anders als beispielsweise Verbraucherinnen und Verbraucher – nicht schutzbedürftig seien.[48] Eine richterliche Klauselkontrolle sei daher übergriffig. Schließlich bringt dies eine erhöhte Rechtsunsicherheit für die Parteien mit sich.

Diese Argumentation ist grundsätzlich zutreffend, soweit die Vertragsverhandlungen von ausgewogenen Machtverhältnissen gekennzeichnet sind. Gibt es jedoch strukturelle Ungleichgewichte, kann auch in B2B-Beziehungen ein hoheitliches Eingreifen erforderlich werden.[49] Die „Richtigkeitsgewähr" der Vertragsfreiheit ist sonst gestört.[50]

Im Fall des Datenzugangs wird für KMU – und nur für diese soll die AGB-Kontrolle greifen – eine solche strukturelle Benachteiligungssituation vielfach vorliegen. Zum einen sind KMU größeren Unternehmen tendenziell im Verhandlungsgewicht unterlegen. Führt man sich etwa die Situation eines inhabergeführten Handwerksbetriebs mit vier Mitarbeitenden vor

46 So auch *Witzel*, CR 2022, 561, 565.

47 Vgl. *Staudenmayer*, IWRZ 2020, 147, 154, *Schlinkert*, ZRP 2017, 222, Europäische Kommission, Mitteilung zum Aufbau einer europäischen Datenwirtschaft, 2017, S. 14; *Schweitzer/Welker*, A legal framework for access to data – a competition policy perspective, 2020, S. 7

48 Siehe zur rechtspolitischen Diskussion *Richters/Friesen* in: BeckOGK-BGB, 2022, § 310 BGB Rn. 28 ff.

49 *Drexl et. al.*, Position Statement of the Max Planck Institute for Innovation and Competition of 25 May 2022 on the Commission's Proposal of 23 February 2022 for a Regulation on harmonised rules on fair access to and use of data (Data Act), 2022, Rn. 120.

50 Vgl. *Schmidt-Rimpler* in: FS Raiser, 1974, S. 3, 5 f.

Augen, der mit einem größeren Gerätehersteller verhandeln soll, dessen Produkte im Markt sehr weit verbreitet sind, hat der Handwerksbetrieb kaum eine Wahl als die Bedingungen des Herstellers zu akzeptieren.

Zum anderen entsteht das strukturelle Ungleichgewicht durch die faktische, aber rechtlich nicht legitimierte Datenkontrolle: Die Verhandlungen sind über ein Gut zu führen, auf das die Partei in der besseren Verhandlungsposition (z.B. der Gerätehersteller) gar keinen rechtlichen Anspruch erheben kann. Es ist eine rein faktische Machtposition, aus der heraus verhandelt wird. Das ist strukturell unfair gegenüber demjenigen, der kein geringeres Recht an dem begehrten Gut hat als der tatsächliche Kontrolleur des Zugangs. Daher ist ein Minimum an Fairnesskontrolle angebracht.

Positiv hervorzuheben ist auch die Regelung in Art. 5 Abs. 5 Data Act-E, die es dem Dateninhaber untersagt, aus Daten keine Vorsprünge für die eigene wettbewerbliche Position zu folgern. Diese Möglichkeit ist auch Gegenstand kartellrechtlicher Verfahren und ein Element in Art. 6 Abs. 2 DMA.

4. Ansätze zur Rechtsdurchsetzung

Der in Art. 10 Data Act-E vorgesehene Streitbeilegungsmechanismus zeigt, dass die Europäische Kommission das Bedürfnis erkannt hat, außerhalb gerichtlicher Verfahren Rechtsstreitigkeiten über Ansprüche aus dem Data Act beizulegen. Das Verfahren ist auf die Bedingungen im Verhältnis zwischen Dateninhaber und -empfänger beschränkt.

Bei der Handhabung der vereinzelt bereits existierenden Datenzugangsansprüche, insbesondere den kartellrechtlichen, ist die tatsächliche Rechtsdurchsetzung ein Problem. Neben den Streitigkeiten über den Leistungsgegenstand entstehen Probleme dadurch, dass der jeweilige Inhaber zur Zugangsgewährung nicht vorbehaltlos, sondern zu „angemessenen Bedingungen“ verpflichtet ist. Werden sich die Parteien nicht einig, können umfangreiche, zeit- und kostenintensive Rechtsstreitigkeiten darüber entstehen, welche Daten unter welchen Bedingungen und zu welcher Gegenleistung herauszugeben sind. Beispielhaft für die Schwierigkeiten in derartigen Konstellationen sind die Auseinandersetzungen über kartellrechtlich erstrittene Lizenzen für die Nutzung von standardessenziellen Patenten.

Hierzu gibt es umfangreiche Judikatur.[51] Umstritten ist bereits, inwieweit Angebote und Gegenangebote überhaupt einer gerichtlichen Kontrolle unterliegen.[52] Diese Probleme können sich nach der derzeitigen Ausgestaltung in ähnlicher Weise bei Art. 8, 9 Data Act-E stellen. Es ist daher zu begrüßen, dass die Europäische Kommission in ihrem Entwurf einen außergerichtlichen Streitbeilegungsmechanismus vorgesehen hat, sodass das gerichtliche Verfahren vermieden werden kann.

Die nach Art. 10 Abs. 2 Data-Act-E zugelassenen Streitbeilegungsstellen sollen innerhalb von 90 Tagen über die Angemessenheit von Bedingungen entscheiden (Art. 10 Abs. 7 Data Act-E), was im Vergleich zu einem gerichtlichen Verfahren eine erhebliche Verkürzung bedeuten könnte. Damit wird der Gefahr vorgebeugt, dass innovative Projekte von Datenempfängern aufgrund langjähriger Gerichtsverfahren im Sande verlaufen, oder gar nicht erst versucht werden.

Der Streitbeilegungsmechanismus ist ein Einstieg in eine vereinfachte Rechtsdurchsetzung. Freilich bleibt dessen Wirkung dadurch eingeschränkt, dass nach Art. 10 Abs. 8 Data Act-E die Entscheidungen der Streitbeilegungsstelle für die Parteien nur bindend sind, wenn sie dem zuvor zugestimmt haben.[53]

5. Anreize und Erleichterungen für konsensuale Lösungen

Neben der verpflichtenden Zugangsgewährung in Art. 3-5 Data Act-E sieht der Verordnungsentwurf auch eine Stärkung konsensualer Lösungen vor. Dies ist positiv zu bewerten: Wenn sich die Parteien auf Augenhöhe begegnen und einigen können, ist eine solche ausgehandelte Lösung einer konfrontativen Rechtsdurchsetzung stets vorzuziehen.[54] Verhandlungslösungen können durch verschiedene Anreize inzentiviert und durch gesetzgeberische Hilfestellungen erleichtert werden.

Eine Inzentivierung liegt darin, dass die typischen Verhandlungsgleichgewichte im Markt verlagert werden. Dadurch wird das „bargaining in the

51 Siehe dazu den Überblick bei *Huttenlauch* in: Loewenheim et. al., Kartellrecht, 2020, Art. 102 AEUV Rn. 261 ff. Grundlegend EuGH, 16.7.2015, Az. C-170/13, ECLI:EU:C:2015:477, Rz. 63 ff. – Huawei/ZTE.

52 Vgl. *Huttenlauch* in: Loewenheim et. al., Kartellrecht, 2020, Art. 102 AEUV Rn. 270 m.w.N.; *Hess*, NZKart 2022, 437.

53 Siehe dazu unten.

54 Siehe zu Lösungsmöglichkeiten *Podszun*, Das Handwerk in der digitalen Ökonomie, 2021, S. 132 ff.

shadow of the law" beeinflusst. Parteien, die bei Anwendung des Data Act, bestimmte Konsequenzen zu gewärtigen haben, sind eher einigungsbereit, als wenn ein solches statuarisches Recht nicht vorgesehen ist.

Eine Erleichterung ist vor allem dann wichtig, wenn eine grundsätzliche Bereitschaft zum Datenteilen besteht, aber wegen praktischer Probleme unterbleibt. Neben datenschutzrechtlichen Unsicherheiten können auch Haftungsfragen oder sonstige Vertragsunsicherheiten dazu führen, dass Unternehmen zögern, Daten freiwillig anzubieten. Dafür stellt der Data Act-E grundsätzlich einen Rahmen zur Verfügung, der zwar noch nicht sämtliche Probleme löst, aber bestimmte Standards setzt. Dazu zählt auch die in Art. 34 vorgesehene Ausarbeitung von Musterbedingungen.

III. Folgerungen

Das Grundmodell des Data Act ist zu begrüßen. Der faire Wettbewerb wird beflügelt, Verbraucherinnen und Verbraucher – die für die Marktwirtschaft entscheidenden Nachfrager – stehen konzeptionell im Mittelpunkt der Datenverteilung.

Der Data Act-Entwurf ist in vielen Punkten bereits geglückt. Die Vorteile, die von ihm ausgehen, sollten in den weiteren Verhandlungen unbedingt gewahrt bleiben. Viele Vorschriften gewährleisten, dass der faire Leistungswettbewerb und die Konsumentensouveränität als Kernelemente der Marktwirtschaft in der Datenökonomie respektiert werden. Der Data Act bezieht seine Stärke auch daraus, dass er als Basis für weitergehende Lösungen gedacht ist. Für die Unternehmen ist der Data Act das Grundmodell, auf dem etwa sektorspezifische Erweiterungen ausgehandelt werden können. Schon jetzt sollte mit dieser Perspektive an Aufbauarbeiten herangegangen werden, da – wie noch zu zeigen ist – die Lösungen des Data Act noch nicht umfassend und angemessen alle Schwierigkeiten des Datenzugangs auflösen. Für das Handwerk können hier möglicherweise Kammern und Verbände zukünftig koordinierende Aufgaben übernehmen.

In dieser Hinsicht sind fünf Aspekte zu betonen:

- Einschaltung von Datenmittlern: Wie im Data Governance Act vorgesehen können Datenmittler künftig wichtige Intermediäre werden, die z.B. die Anonymisierung von Daten übernehmen oder deren Aggregierung. Im Zusammenspiel von Data Act und Data Governance Act kann sich eine Infrastruktur für einen Datenmarkt ergeben.

- Aufbau von Datenräumen und Datenpools: Für innovative Lösungen, die aus der Zusammenschau von Daten entwickelt werden, sind – neben den Datenmittlern – der Aufbau von Datenräumen und Datenpools wesentlich. Auch hier setzen Data Act und Data Governance Act erste Leitplanken. So ließe sich beispielsweise ein Datenpool des Handwerks aufbauen, in dem die vielen verschiedenen Daten zusammenfließen, aus denen mit Hilfe von Künstlicher Intelligenz oder intelligenter Forschender neue Ideen für Produkte und Dienstleistungen generiert werden können.
- Sektorspezifische Lösungen: In vielen Fällen werden sektorspezifische Lösungen (trotz ihrer Beschränktheit in einer vernetzten Wirtschaft) hilfreich sein, da nur dann spezifisch auf die Bedürfnisse der jeweiligen Branche eingegangen werden kann. Hier setzt der Data Act einen Standard, der aber im Zusammenwirken der Unternehmen in einer Branche, die auf verschiedenen Wertschöpfungsstufen stehen, erheblich erweitert werden kann.
- Interoperabilitätslösungen im Markt: Interoperabilität möglichst vieler Produkte und Dienste wird als Königsweg der digitalen Zusammenarbeit angesehen.[55] Im Markt entstehen erste einheitliche Formate (*Matter*). Wichtig ist, dass gerade auch KMU frühzeitig in die Diskussionen eingebunden werden, damit nicht – wie etwa im Kfz-Bereich – Lösungen propagiert werden, die möglicherweise einseitig bestimmte Industrieinteressen bedienen.[56]
- Aufbau eigener Datenpools und Stärkung von Verhandlungsmacht: Neben dem Aufbau von Datenpools, die umfassende Lösungen darstellen, ist auch denkbar, dass verschiedene kleinere Unternehmen ihre Verhandlungsmacht bündeln und somit verstärken. Dies könnte durch die Zusammenarbeit in Datenpools oder die gemeinsame Aushandlung von Datennutzungsverträgen geschehen. Der Data Act sieht solche Kollektivlösungen zwar nicht explizit vor, gibt aber ein Druckmittel an die Hand, um die Interessendurchsetzung zu verbessern.

Der Data Act ist der richtige Ansatz für eines der Schlüsselprobleme der Digitalwirtschaft. Auf diesem Fundament muss nun durch die Marktakteure das tatsächliche Datenteilungsregime weiterentwickelt werden. Die

---

55 Siehe z.B. *Atik*, Data Act: Legal Implications for the Digital Agriculture Sector, TILEC Discussion Paper, 2022, S. 12.

56 Vgl. zum Kfz-Beispiel *Kerber*, JIPITEC 2018, Data Governance in Connected Cars: The Problem of Access to In-Vehicle Data, S. 310.

Grundkonzeption überzeugt. Allerdings bleiben noch Desiderata offen (dazu Teil C.).

C. Kommentare zum Data Act mit Blick auf die Marktöffnung

Der Data Act-E beinhaltet, wie soeben aufgezeigt, viele wegweisende Ansätze. Im Folgenden sollen einige Aspekte des Entwurfs thematisiert werden, die für den Zugang zum Sekundärmarkt, also eine Marktöffnung für Dritte, noch nicht ausgereift sind. Die hier eingenommene Perspektive ist dezidiert darauf ausgerichtet, die Vorschriften auf ihre zugangseröffnende Wirkung für Dritte zu prüfen. Dahinter steht der Gedanke, dass alle Marktakteure faire Chancen in der vernetzten Wirtschaft haben müssen. Kunden sollen die Auswahlentscheidungen treffen können, wer welche Leistung erbringt, ohne in erheblichem Maße prädeterminiert zu sein. Das setzt voraus, dass die Regelungen einfach umzusetzen sind und Bedingungen für den Datenzugang nicht prohibitiv wirken.

I. Eröffnung des Zugangs zu Sekundärmärkten

Die zentrale Überlegung für die Öffnung der Sekundärmärkte ist, dass der Zugang zu diesen Märkten durch den Datenzugangsanspruch, wie er derzeit ausgestaltet ist, nicht gewährleistet wird. Dritte, z.B. Reparaturbetriebe, benötigen für ihr Tätigwerden nicht Zugang zu Rohdaten. Vielmehr müssen sie Zugang zu denjenigen Daten und digitalen Hilfsmitteln erhalten, die erforderlich sind, um auf dem Sekundärmarkt in sinnvoller Weise tätig werden zu können. Dieser Gedanke ist im Data Act nicht verwirklicht. Im Digital Markets Act hingegen hat der europäische Gesetzgeber einen solchen zweckorientierten Zugangsanspruch verwirklicht. Im Folgenden wird zunächst dargestellt, dass alle Marktteilnehmer die Legitimation haben, an den Marktchancen des IoT zu partizipieren (dazu 1.). Sodann wird der zweckbezogene Zugangsanspruch erläutert (dazu 2.). Schließlich wird dargestellt, welche Daten, Softwaredienste und Tools von einem solchen Anspruch umfasst sein müssen (dazu 3.).

1. Legitimation einer zweckgebundenen Zugangseröffnung

Der Data Act-E sieht richtigerweise einen Zugangsanspruch des Nutzers und von ihm benannter Dritter zu Daten vor. Das ist aus Gründen der volkswirtschaftlichen Dynamik (Erwägungsgrund 1) geboten, aber auch ein Gebot der Fairness, „da die von solchen Produkten oder verbundenen Diensten erfassten Daten ein wichtiges Gut für Anschluss-, Neben-, und sonstige Dienste sind" (Erwägungsgrund 6). Der Telos des Data Acts ist darauf gerichtet, den Marktzugang zu sichern.

a) Keine rechtliche Privilegierung des Dateninhabers

Festzuhalten ist, dass der Dateninhaber kein Bestimmungsrecht hat, was mit den Daten passieren soll. Wenn überhaupt ist dieses Recht dem Nutzer zugewiesen.

Der Dateninhaber hat zwar faktisch in der Regel die alleinige Zugriffsmöglichkeit, da er über das Produktdesign bestimmen kann, welche Daten erhoben werden und wo diese in welcher Form gespeichert werden. Der Hersteller hat es damit zu allererst in der Hand, den Zugang zu diesem Datenschatz zu kontrollieren. Diese monopolartige Stellung ist die Folge einer rein faktischen Beherrschung des Produktdesigns. Es gibt für eine Alleinzuweisung der dann entstehenden Daten aber keinerlei rechtliche Grundlage.[57] Das hält auch der Data Act-E unmissverständlich in Erwägungsgrund 19 fest:

> „In vielen Sektoren können die Hersteller oftmals durch ihre Kontrolle über die technische Konzeption des Produkts oder verbundener Dienste bestimmen, welche Daten erzeugt werden und wie darauf zugegriffen werden kann, auch wenn sie keinen Rechtsanspruch auf die Daten haben."

Überdies wird dem Gedanken eine Absage erteilt, es gäbe ein eigenes Schutzrecht an Daten:

> „ein allgemeiner Ansatz für die Zuweisung von Zugangs- und Nutzungsrechten für Daten [ist] der Gewährung ausschließlicher Zugangs- und Nutzungsrechte vorzuziehen."[58]

---

57 Erwägungsgrund 5, 19 Data Act-E.
58 Erwägungsgrund 6 Data Act-E.

Diesem Ausgangsbefund ist uneingeschränkt zuzustimmen. Die Aussagen im Data Act sind das Ergebnis einer seit Langem geführten rechtspolitischen und ökonomischen Diskussion über ein eigenes Schutzrecht an Daten. Auch aus wissenschaftlicher Sicht sprechen die besseren Argumente dafür, kein solches Schutzrecht zu schaffen.[59]

Fragt man sich, wer mit welcher Legitimation auf die Daten zugreifen kann, dann lässt sich rechtlich vor allem zugunsten des Nutzers argumentieren: Der Nutzer erhält das Produkt durch Kauf, Miete o.ä. und entrichtet dafür ein Entgelt. Die Nutzungshandlungen lösen den Datenaufzeichnungsvorgang aus und beziehen sich auch auf das Verhalten des Nutzers.

Die rechtliche Wertung gegen ein Schutzrecht an Daten (und damit letztlich an Informationen)[60] bedeutet aber, dass nicht einmal der Nutzer eine rechtlich abgesicherte Stellung erhält, um die Daten für sich zu vereinnahmen. Das ist rechtlich richtig, weil es eine Grundwertung zugunsten freier Information gibt, die bei der Monopolisierung von Daten gefährdet wäre; es ist volkswirtschaftlich ebenfalls richtig, weil nur so datengetriebene Innovationen ermöglicht werden. Dass es einen freien Zugriff zu Daten geben sollte, leuchtet rasch ein, wenn man sich vor Augen führt, dass das gesamte autonome Fahren zum Erliegen käme, würden Einzelne Verkehrsdaten für sich monopolisieren können.

Dem Data Act liegt die (politische) Wertung zugrunde, dass die Entscheidung über den Datenzugang dem Nutzer des Produkts oder Dienstes zustehen soll, der durch seine Nutzung diese Daten erst erzeugt hat. Dies manifestiert sich insbesondere in dem Umstand, dass selbst der Hersteller eines Produkts zur Verwendung der Daten die Einwilligung des Nutzers benötigt, Art. 4 Abs. 6 S. 1 Data Act-E.

Zwar wäre es auch denkbar und möglicherweise sogar ökonomisch sinnvoll, den Nutzervorbehalt zu streichen und eine Art Allgemeinverfügbarkeit der so generierten Daten zu postulieren.[61] Dieses Modell hat der europäische Gesetzgeber aber nicht gewählt. Eine Abkehr davon würde den Charakter des Data Act grundlegend ändern. Es müsste dann eine

---

59 Vgl. *Zech*, CR 2015, 137; *Drexl et al.*, Data Ownership and Access to Data, Max Planck Institute for Innovation & Competition Research Paper No. 16 –10; *Kornmeier/Baranowski*, BB 2019, 1219; *Amstutz*, AcP 218 (2018), 438; European Commission Expert Group for the Observatory on the Online Platform Economy, Progress Report Work Stream on Differentiated Treatment, o.J. (2020), S. 21

60 Vgl. European Commission Expert Group for the Observatory on the Online Platform Economy, Progress Report Work Stream on Data, O.J. (2020), S. 7 f.; *Zech*, Informationen als Schutzgegenstand, 2012, S. 32.

61 Vgl. *Specht-Riemenschneider*, MMR 2022, 809, 817.

verpflichtende offene Schnittstelle für jedermann zur Verfügung gestellt werden. Die Vermittlung über den Nutzer löst gleichzeitig datenschutzrechtliche Probleme, die sich sonst möglicherweise stellen würden, aber auch nicht unlösbar wären.

Aus der Entscheidung gegen ein Schutzrecht und explizit gegen die Privilegierung des Dateninhabers folgt, dass alle Marktteilnehmer in nichtdiskriminierender Form partizipieren können sollen. Räumt ein Nutzer die entsprechenden Rechte ein, ist Datenzugang zu gewähren. Nur so kann auch das Postulat erfüllt werden, dass eine faire Chancenverteilung und ein offener Wettbewerb gewährleistet werden.

b) Zweckrichtung der Nutzerentscheidung

Wenn es primär dem Nutzer zugebilligt wird, über die Datenverwendung zu entscheiden, muss festgestellt werden, dass der Nutzer und der Gesetzgeber des Data Acts Zwecke verfolgen, die über den bloßen Erhalt von Rohdaten hinausgehen.

Im Data Act wird derzeit davon ausgegangen, dass die Nutzerentscheidung darüber getroffen wird, wer Zugang zu den Rohdaten erhält, die der Nutzer bei der Produkt- oder Dienstenutzung generiert. Die Definition von Daten in Art. 2 Nr. 1 Data Act-E i.V.m. Art. 1 Abs. 1 Data Act-E bezieht sich auf Rohdaten.[62] Rohdaten sind die Daten, wie sie von der Quelle erfasst werden, ohne dass eine Bearbeitung stattgefunden hat.[63] Format und Inhalt der Daten wird durch die jeweilige Einrichtung, mit der die Daten gesammelt werden, bestimmt. Erst in Folgeschritten kommt es zu einer Verarbeitung und Veredelung dieser Rohdaten zu Informationen, die für weitere Kreise nutzbar sind. Ein Interesse an Rohdaten können Datenexperten haben. Weder der Nutzer eines IoT-Produkts noch Unternehmen, die auf nachgelagerten Märkten tätig werden wollen, haben aber in der Regel ein Interesse an Rohdaten.[64] Sie benötigen die Daten tendenziell in einer aufbereiteten Form. Diese Aufbereitung wird typischerweise von

---

62 Dies wird in Erwägungsgrund 17 klargestellt.

63 *Luber/Litzel*, Was sind Rohdaten?, 9.4.2020, https://www.bigdata-insider.de/was-sind-rohdaten-a-920701/.

64 *Drexl et. al.*, Position Statement of the Max Planck Institute for Innovation and Competition of 25 May 2022 on the Commission's Proposal of 23 February 2022 for a Regulation on harmonised rules on fair access to and use of data (Data Act), 2022, Rn. 25.

demjenigen geleistet, der die Sammlung der Rohdaten initiiert hat, z.B. der Gerätehersteller.

Der Data Act ist nicht als Verordnung zur Datenteilung um der Datenteilung willen gedacht. Es geht dem europäischen Gesetzgeber um „die optimale Verteilung der Daten zum Nutzen der Gesellschaft“ (Erwägungsgrund 2). Das Nutzerinteresse, das im Data Act zentral gesetzt wird, ist nicht oder jedenfalls nicht ausschließlich darauf gerichtet, solche Daten schlicht zu erhalten. Vielmehr ist die Datenteilung zweckgerichtet. Nutzer sollen – so formuliert es Erwägungsgrund 19 – die Daten erlangen, „die erforderlich sind, um Reparatur- und andere Dienste in Anspruch zu nehmen“, Unternehmen sollen Daten erhalten, die sie in die Lage versetzen, „innovative, effizientere und bequemere Dienste anzubieten.“ Die Inanspruchnahme von Reparatur- und anderen Diensten betrifft das Tätigwerden auf dem Sekundärmarkt. Das Anbieten innovativer, effizienterer und bequemerer Dienste ist ebenfalls darauf gerichtet, auf nachgelagerten Marktstufen unternehmerisch tätig zu werden. Diese Zweckrichtung des Data Acts steht in Einklang mit dem übergeordneten Ziel, Innovation und Wettbewerb in der Datenökonomie zu fördern. Die Datenteilung soll Sekundärmärkte beleben. Für dieses Ziel der Zugangseröffnung wird der Zugang zu Rohdaten häufig nicht genügen. Der Zugang zu Daten ist in vielen Fällen ein Zwischenschritt, aber nicht der Zweck.

Kleinere Unternehmen werden häufig nicht in der Lage sein, Rohdaten zu verarbeiten. Sie sind nicht auf Datenanalyse spezialisiert, sondern auf das Erbringen der Leistungen, auf die es dem Kunden eigentlich ankommt. Erhalten sie Rohdaten, wird das für diese Unternehmen unter Umständen wenig hilfreich sein.[65] Sie müssen dann Tools in Anspruch nehmen, um diese Daten lesen oder verarbeiten zu können.[66] Angebote dazu stellen möglicherweise der Hersteller des Produkts oder Dritte zur Verfügung. Damit entstehen potenziell Kosten und Verzögerungen, die in Summe wieder prohibitiv wirken können. So wird für den Kfz-Bereich berichtet, dass die Vielzahl erforderlicher Softwaresysteme zur Bearbeitung für freie Werkstätten oft nicht erschwinglich ist. Die Begrenzung des Anwendungsbereichs der Verordnung auf Rohdaten ohne weitere Tools

65 Vgl. dazu im Kontext von § 20 Abs. 1a GWB *Linsmeier/Haag* in: FS Bechtold, 2021, S. 191.

66 So auch *Drexl et. al.*, Position Statement of the Max Planck Institute for Innovation and Competition of 25 May 2022 on the Commission's Proposal of 23 February 2022 for a Regulation on harmonised rules on fair access to and use of data (Data Act), 2022, Rn. 25.

wird für viele Nutzungszwecke nicht genügen, um den Sekundärmarktwettbewerb zu ermöglichen. Die Zugangsvereitelung würde nur eine Stufe weiter verschoben.

Innovation und Wettbewerb sind nur möglich, wenn die Unternehmen ihre Leistungen tatsächlich ungehindert erbringen können. Nur dann haben die Nutzer die Möglichkeit, ihre Rolle als „Schiedsrichter im Wettbewerb" wahrzunehmen und auszuspielen. Der die Marktwirtschaft prägende Grundsatz der Konsumentensouveränität setzt eine echte Zugangseröffnung voraus.

c) Erfordernis eines zweckgebundenen Zugangsanspruchs

Zieht man die hier herausgestellten normativen Ausgangspunkte zusammen – keine rechtliche Privilegierung des Dateninhabers, zentrale Rolle des Nutzerinteresses, Belebung der Sekundärmärkte als Zielrichtung der Datenteilung – dann liegt auf der Hand, dass ein nackter Datenzugangsanspruch nicht genügt. Nutzer müssen vielmehr in der Lage sein, Dritten Zugang zu denjenigen Daten und Instrumenten einzuräumen, die für ein Tätigwerden auf dem Sekundärmarkt erforderlich sind. Der Zugangsanspruch muss zweckbezogen sein. Fehlt ein Zugang zu abgeleiteten Daten, zu Software, die benötigt wird, um ein Gerät zu reparieren, oder fehlt der Zugang zu einem Dashboard, dann erhalten Dritte Steine statt Brot: Sie können mit den nackten Daten nichts anfangen und müssen ggf. Zusatzprodukte oder -leistungen erwerben (wenn sie es denn können). Die faktische Kontrolle des Dateninhabers bleibt erhalten, ein freier Zugang zum Sekundärmarkt wird vereitelt.

Im Digital Markets Act (DMA) haben die europäischen Gesetzgeber dieses Problem genau erkannt und gelöst.[67] Im DMA sind verschiedene Zugangsansprüche vorgesehen, die nicht am Zugang zu Rohdaten haften, sondern die Zweckrichtung einkalkulieren. So wird in Art. 6 Abs. 10 DMA Zugang zu aggregierten und nichtaggregierten Daten vorgesehen und ausdrücklich darauf abgestellt, dass die Nutzung der Daten zu ermöglichen ist. In Art. 6 Abs. 8 DMA wird – im Zusammenhang mit Online-Werbung – Zugang zu Instrumenten und Daten gewährt, „die sie [Dritte] benötigen, um ihre eigene unabhängige Überprüfung des Werbeinventars vorzunehmen, einschließlich aggregierter und nichtaggregierter Daten. Diese Daten werden so bereitgestellt, dass Werbetreibende und Herausgeber

67 Siehe dazu unten D.II.

ihre eigenen Überprüfungs- und Messinstrumente einsetzen können". Der Zugangsanspruch weist also eine klare Zweckrichtung auf. Nur am Rande sei hier erwähnt, dass dieser Zugang kostenlos zu gewähren ist. Der europäische Gesetzgeber hat also die Finalität der Datenbereitstellung im Digital Markets Act zutreffend erkannt. Für den Data Act ist eine parallele Wertung erforderlich, wenn dieser Baustein der Datenökonomie die angestrebten Ziele erreichen soll.

2. Zweckgebundener Zugangsanspruch

Das Datenzugangsregime des Data Act ist daher auszubauen, damit das Regelungsziel erreicht werden kann, Dienstleistungen auf nachgelagerten Märkten zu ermöglichen. Um die Eröffnung von Sekundärmärkten für anschließende Dienstleistungen wie Wartung und Reparaturen zu gewährleisten, sollte neben dem bislang im Verordnungsentwurf vorgesehen Datenzugangsanspruch ein weiterer, spezieller Zugangsanspruch vorgesehen werden, der darauf abzielt, das Tätigwerden auf Sekundärmärkten zu ermöglichen. Dieser Zugangsanspruch muss grundlegend am Zweck ausgerichtet sein, den der Nutzer und/oder Zugangspetent legitimerweise erreichen möchte. Der Anspruch muss neben den (Roh-)Daten auch notwendige Hilfsmittel umfassen.

Dies führt nicht dazu, dass Dritte vom Hersteller den Zugang zu beliebigen Daten oder Software verlangen können. Der Zugangspetent müsste darlegen, welche Dienstleistung er auf dem nachgelagerten Markt erbringen möchte und welche Daten, Software und Infrastruktur er dafür benötigt.

Ein Anspruch sollte jedenfalls bestehen, soweit der Dateninhaber selbst über entsprechende Software und Infrastruktur verfügt. So würde auf dem nachgelagerten Markt ein „level playing field" zwischen dem Dateninhaber und Drittunternehmen erzielt und auf diesem nachgelagerten Markt mehr Wettbewerb ermöglicht werden.

Zugangsansprüche zu Waren und Dienstleistungen, die für die Erschließung oder den Zutritt zu nachgelagerten Märkten notwendig sind, werden vereinzelt schon nach kartellrechtlichen Vorschriften, insbesondere Art. 102 AEUV, §§ 19, 20 GWB, gewährt.[68] Auch dort geht der Anspruch

68 Vgl. BGH, 6.10.2015, Az. KZR 87/13, WRP 2016, 229 – Porsche-Tuning; BGH, 26.1.2016, Az. KZR 41/14, NJW 2016, 2504 – Jaguar Vertragswerkstatt. I.Ü. *Podszun*, Handwerk in der digitalen Ökonomie, 2022, S. 76 ff.

über den Zugang zu Rohdaten hinaus und ist darauf gerichtet, den potenziellen Wettbewerber in die Lage zu versetzen, tatsächlich in den Markt einzutreten. Dass es ein ökonomisches Bedürfnis für solche Ansprüche gibt, ist also nicht neu.

Durch die Begrenzung des Zugangsanspruchs auf Daten und sonstige Infrastruktur, die bereits beim Dateninhaber bzw. Hersteller selbst vorhanden ist, würde der Aufwand für diesen nicht unzumutbar groß sein. Insbesondere bliebe ggf. ein Aufwanderstattungsanspruch bestehen.

(1) Empfohlen wird, dass für Dritte, die auf Sekundärmärkten tätig werden wollen, der Zugangsanspruch zweckbezogen definiert wird und diejenigen Daten, Instrumente und Hilfsmittel umfasst, die für das Tätigwerden benötigt werden und die dem Dateninhaber selbst zur Verfügung stehen.

3. Erfasste Daten, Software und Tools

Der vorstehend geforderte zweckorientierte Zugangsanspruch bedarf weiterer Präzisierung. Ist der Zugang grundsätzlich eröffnet, ist damit noch nicht geklärt, auf welche Daten durch wen zugegriffen werden darf und welche Hilfsmittel ggf. zur Verfügung gestellt werden müssen, um den Anspruch praktisch wirksam werden zu lassen.

a) Definition von Daten

Der Begriff wird für die Zwecke von Art. 3-5 Data Act-E nur dahingehend präzisiert, dass „bei der Nutzung erzeugte Daten“ umfasst sind. In Erwägungsgrund 17 wird ausgeführt, dass auch absichtlich aufgezeichnete Daten, sowie „Daten, die als Nebenprodukt von Nutzeraktionen, z.B. Diagnosedaten, und ohne jegliche Nutzeraktion, z.B. wenn sich das Produkt im Bereitschaftszustand befindet, erzeugt werden sowie Daten, die aufgezeichnet werden, während das Produkt ausgeschaltet ist“. Schon an dieser kleinen Aufzählung zeigt sich, dass der Begriff der erzeugten Daten weit sein und streitanfällig werden kann.[69] Möglicherweise kommt es zu Abgren-

---

69 Vgl. DIHK, Stellungnahme zum Vorschlag für eine Verordnung über harmonisierte Vorschriften für einen fairen Datenzugang und eine faire Datennutzung (Datengesetz), 2022, S. 4 f; *Ducuing* in: Ducuing/Margoni/Schirru, White Paper

zungsschwierigkeiten, etwa bezüglich Metadaten und Maschinendaten ohne unmittelbaren Personenbezug. Eine Verkomplizierung tritt dadurch ein, dass der Dateninhaber willkürlich entscheiden kann, welche Daten gesammelt werden. Zugangspetenten wiederum können nicht einschätzen, welche Daten überhaupt verfügbar sind. Diese Informationsasymmetrie kann gerade bei der privaten Rechtsdurchsetzung zum Stolperstein werden. Abhelfen würden hier nur eine Auskunftspflicht und eine Prüfungsbefugnis durch externe Sachverständige. Dieser Aufwand wird allerdings nur im Ausnahmefall zu leisten sein.

Daher ist zu empfehlen, nicht die einzelnen Daten in den Blickpunkt zu rücken, sondern den mit dem Datenzugang verfolgten Zweck. Verschiedene Zugangspetenten haben verschiedene Bedarfe: Manche Verbraucherinnen und Verbraucher möchten ggf. nur ihre aktuellen Leistungs- oder Verbrauchsdaten checken. Datenunternehmen möchten möglicherweise Rohdaten erfassen, um damit gänzlich neuartige Anwendungen zu konstruieren oder Forschung zu treiben. Anwender, die Daten für ein Tätigwerden auf dem Sekundärmarkt benötigen, sind eventuell an Rohdaten nicht interessiert und brauchen vielleicht auch nicht alle Nutzerdaten, sondern nur ein bestimmtes Set an Daten. Die Datenweitergabepflicht sollte nach diesen Zwecken bestimmt werden. Das würde dem Dateninhaber die Möglichkeit nehmen, Dritten unterschiedliche Daten in unterschiedlichen Formaten bereitzustellen, die für den entsprechenden Zweck möglicherweise gerade nicht genügen. Welche Daten im Einzelnen benötigt werden, kann allerdings nicht pauschal beantwortet werden. Hier bleibt Raum für individuelle Zugangslösungen. Das Missbrauchspotential für Dateninhaber wird aber durch die Aufnahme der Zweckrichtung in den Datenzugangsanspruch erheblich gesenkt, die Verhandlungsposition der Nutzer und der Dritten wird gestärkt.

b) Abgeleitete Daten

Nach Erwägungsgründen 14 und 17 des Data Act-E ist der Dateninhaber nicht verpflichtet, Zugang zu sog. derivativen oder abgeleiteten Daten zu gewähren.[70] Gemeint sind damit Daten, die erst dadurch entstehen,

---

on the Data Act Proposal, CITIP Working Paper Series, 2022, S. 26; *Staudenmayer*, EuZW 2022, 1037, 1041.

70 Vgl. *Kerber*, Governance of IoT Data: Why the EU Data Act will not Fulfill Its Objectives, 2022, S. 6.

dass die von dem Produkt unmittelbar generierten Daten mittels Software weiterverarbeitet werden. Damit wird klargestellt, dass im Grundsatz nur Rohdaten zur Verfügung gestellt werden müssen. Die Europäische Kommission begründet dies damit, dass dieser Softwareprozess Rechten des geistigen Eigentums unterliegen kann.[71] Die Nutzung bestimmter Software oder einer vom Dateninhaber gestellten Infrastruktur, ggf. entgeltlich, kann für einige Zugangspetenten – gerade aus kleineren und mittleren Unternehmen – eine erhebliche Hürde sein. Der Datenzugangsanspruch bleibt nutzlos, wenn die nutzbaren derivativen Daten erst teuer erworben werden müssen.[72] Es ist davon ausgehen, dass Abgrenzungsprobleme entstehen. Lässt man jede Datenverarbeitung genügen, würden nur noch echte Rohdaten vom Zugangsanspruch umfasst sein. Diese möglicherweise maschinellen Sensordaten dürften für viele Nachfrager, vor allem Verbraucherinnen und Verbraucher, in aller Regel unbrauchbar sein.[73] Nahezu jede sinnvolle, lesbare Darstellung von Informationen ist in irgendeiner Form bereits verarbeitet bzw. umgewandelt worden. Selbst einfache Informationen, z.B. zum Zustand der Batterie eines Elektrofahrzeugs, müssen erst von der Angabe einer elektrischen Spannung in eine geschätzte Kapazität umgerechnet werden. Bei einer engen Auslegung wären selbst diese derivativen Daten bereits vom Zugangsanspruch ausgeklammert. Möglicherweise wollte die Kommission den Anwendungsbereich nicht derart eng ziehen, das lässt sich aber dem Data Act-E nicht mit der erforderlichen Sicherheit entnehmen. Im Ernstfall liegt darin erhebliches Streitpotential, ggf. auch über die Frage, welche Art von Weiterverarbeitung noch zu leisten ist. Ggf. können Hersteller ihre Produkte auch bewusst so designen, dass zunächst für Dritte unlesbare Daten erzeugt werden, die erst in weiteren Schritten in sinnvolle Informationen umcodiert werden. Auch das würde den Datenzugangsanspruch faktisch entwerten.

Neben den praktischen Problemen erscheint auch die Rechtfertigung der Kommission für diese Einschränkung zweifelhaft. Sie stützt sich in den Erwägungsgründen auf möglicherweise bestehende Rechte des geistigen Eigentums an dem Datenverarbeitungsvorgang.[74] Dass derzeit IP-Rechte

71 Erwägungsgrund 17 Data Act-E.

72 Vgl. *Drexl et. al.*, Position Statement of the Max Planck Institute for Innovation and Competition of 25 May 2022 on the Commission's Proposal of 23 February 2022 for a Regulation on harmonised rules on fair access to and use of data (Data Act), 2022, Rn. 24.

73 *Kerber*, Governance of IoT Data: Why the EU Data Act will not Fulfill Its Objectives, 2022, S. 11 f.

74 Erwägungsgrund 17 Data Act-E.

an solchen Datenverarbeitungsvorgängen bestehen können, ist jedoch für sich kein Argument, da der europäische Gesetzgeber gerade diese Rechte auch im erforderlichen Maße einschränken kann. Dies ist partiell im Data Act-E bereits für Rechte an Datenbankwerken vorgesehen, Art. 35 Data Act-E. Der eigentliche Punkt ist daher also nicht ein rechtliches Hindernis, sondern eine Abwägung, die der Verordnungsentwurf zugunsten des hier innovationshemmenden IP-Rechts getroffen hat.

Der mit dem IP-Recht bezweckte Schutz vor Trittbrettfahrern, die von einer Leistung profitieren, ohne an den Kosten beteiligt zu sein, würde im Data Act durch die Pflicht zur Erbringung einer angemessenen Gegenleistung teilweise aufgefangen, wenn dies für nötig erachtet wird. Ob und inwieweit überhaupt IP-Rechte bestehen, ist allerdings äußerst unklar. Im Einzelfall kann dies nicht rasch geprüft werden.[75] Damit das Regelungsziel des Data Act-E erreicht wird, den Zugang zu nachgelagerten Märkten wirksam zu ermöglichen, ist der Zugang zu sinnvoll nutzbaren Daten aber unbedingt notwendig.[76] Aus wettbewerblicher Perspektive und mit Blick auf den Sekundärmarktzugang müssen daher ggf. abgeleitete Daten zur Verfügung gestellt werden.[77] Das muss insbesondere dann gelten, wenn erst dies die Daten überhaupt nutzbar für Fremde macht. Ausgeschlossen werden sollte, dass Hersteller durch geschicktes Produktdesign den Zugangsanspruch faktisch vereiteln kann. Eine geringfügige Umcodierung der Daten, die diese faktisch verschlüsselt, kann dann nicht mehr genügen, um Dritte auszuschließen oder von diesen den kostenpflichtigen Erwerb teurer Entschlüsselungssoftware zu verlangen. Nur wenn die Ableitung Folge einer wesentlichen Investition des Dateninhabers war, sollte eine Kompensation ermöglicht werden.

---

75 *Drexl et. al.*, Position Statement of the Max Planck Institute for Innovation and Competition of 25 May 2022 on the Commission's Proposal of 23 February 2022 for a Regulation on harmonised rules on fair access to and use of data (Data Act), 2022, Rn. 29.

76 *Leistner/Antoine*, IPR and the use of open data and data sharing initiatives by public and private actors, 2022, S. 14 ff. So auch *Drexl et. al.*, Position Statement of the Max Planck Institute for Innovation and Competition of 25 May 2022 on the Commission's Proposal of 23 February 2022 for a Regulation on harmonised rules on fair access to and use of data (Data Act), 2022, Rn. 24.

77 So auch *Specht-Riemenschneider*, ZRP 2022, 137, 140. A.A. *Demary*, Der Data Act - Welchen Rahmen Unternehmen für Data Sharing wirklich brauchen: Beitrag zum Vorschlag der EU-Kommission, 2022, S. 8.

(2) Empfohlen wird, die Beschränkung auf Rohdaten im Grundsatz fallen zu lassen. Stattdessen ist – gerade auch für Dritte – vorzusehen, dass, soweit benötigt, derivative Daten zur Verfügung gestellt werden.

c) Aggregierte Daten

Neben der Beschränkung auf Rohdaten durch den Ausschluss abgeleiteter Datensätze wird die Wirksamkeit des Datenzugangsanspruchs noch durch einen anderen Aspekt eingeschränkt. Für einige datenbasierte Dienstleistungen werden nicht nur individuelle Nutzungsdaten einzelner Nutzer benötigt, sondern aggregierte Daten mehrerer Nutzer.[78] So kann es für die Wartung eines Elektrofahrzeugs zwar ausreichen, dass die Kfz-Werkstatt die Akkuleistung eines bestimmten Akkus auslesen kann. Ein anderes Unternehmen möchte aber ggf. die Fahr- und Akkudaten weiterer Fahrzeuge erfassen, um Folgedienstleistungen erbringen zu können oder Mustervorhersagen treffen zu können. Geschäftsmodelle, die auf aggregierte Daten setzen, sind häufig besonders innovativ, da es nicht mehr um den Einzelfall geht, sondern um eine Art Reihenbetrachtung, die Vorhersagen treffen und neue Zusammenhänge entdecken lässt. Wenn solche Geschäftsmodelle ebenfalls durch den Data Act ermöglicht werden sollen, muss sichergestellt werden, dass diese Unternehmen aggregierte Datensätze erlangen können.

Zugang zu aggregierten Daten kann auf verschiedene Weise gewährt werden. Zum einen können solche Daten vom Dateninhaber bereitgestellt werden. Zum anderen können die Daten durch Dritte, die wiederum auf Nutzerdaten zugreifen, aggregiert werden, beispielsweise Datenintermediäre. Beide Wege sind im aktuellen Verordnungsentwurf nicht ohne Weiteres gewährleistet.

Vom Dateninhaber bzw. Hersteller selbst kann der Datenempfänger aggregierte Datensätze nach der Konzeption des Data Act wohl nicht verlangen, da nach Art. 3 Abs. 1, Art. 5 Abs. 1 Data Act-E nur die Nutzungsdaten herausgegeben werden müssen, die durch die Nutzung des Produkts durch den konkreten Nutzer entstehen, der die Datenfreigabe verlangt. Der Nutzer erhält nur seine eigenen Daten.

---

78 *Leistner/Antoine*, IPR and the use of open data and data sharing initiatives by public and private actors, 2022, S. 14. Vgl. auch *Kerber*, Governance of IoT Data: Why the EU Data Act will not Fulfill Its Objectives, 2022, S. 13.

Sofern personenbezogene Daten zu den Nutzungsdaten gehören, könnte einer Herausgabe von Daten anderer Nutzer auch die DSGVO entgegenstehen.[79] Nach Art. 1 Abs. 3 Data Act-E bleiben die Vorschriften der DSGVO unberührt, so dass für eine Herausgabe ein Erlaubnistatbestand nach Art. 6 Abs. 1 DSGVO erfüllt sein muss. Zwar kommen nach Art. 6 Abs. 1 lit. b-f DSGVO auch andere Erlaubnistatbestände als eine Einwilligung in Betracht. So könnte der Datenzugangsanspruch des Nutzers eine rechtliche Verpflichtung i.S.d. Art. 6 Abs. 1 lit. c DSGVO darstellen.[80] Ob dies der Fall ist, ist jedoch unklar und bedarf einer Klarstellung. In Erwägungsgrund 24 heißt es:

> „Mit dieser Verordnung wird den Dateninhabern die Pflicht auferlegt, Daten unter bestimmten Umständen bereitzustellen. […] Wenn Nutzer betroffene Personen sind, sollten die Dateninhaber verpflichtet sein, den Nutzern Zugang zu ihren Daten zu gewähren und die Daten vom Nutzer ausgewählten Dritten im Einklang mit dieser Verordnung bereitzustellen. *Mit dieser Verordnung wird jedoch keine Rechtsgrundlage gemäß der Verordnung (EU) 2016/679 geschaffen, die es dem Dateninhaber ermöglicht, Dritten auf Verlangen eines Nutzers, der keine betroffene Person ist, Zugang zu personenbezogenen Daten zu gewähren oder diese bereitzustellen* […]".[81]

Ob diese Formulierung ausschließt, dass das Datenzugangsverlangen eine Rechtsgrundlage für die Herausgabe von personenbezogenen Daten Dritter ist, ist unklar. Teilweise wird darauf hingewiesen, dass nach dem Wortlaut des Erwägungsgrunds nur der Fall erfasst ist, in dem ein Nutzer die Herausgabe von personenbezogenen Daten eines anderen an einen Dritten verlangt.[82] Die Herausgabe solcher Daten an den Nutzer werde dadurch aber nicht ausgeschlossen.[83] Ob die Europäische Kommission tatsächlich zwischen diesen Fällen differenzieren wollte, ist fraglich, da der Nutzer die Daten schließlich auch einfach an den Dritten weitergeben könnte. Allerdings könnte die gesetzliche Verpflichtung zum Datenzugang nach

79 Siehe dazu *Schweitzer/Metzger et al.*, Data access and sharing in Germany and in the EU: Towards a coherent legal framework for the emerging data economy, Final Report, 8 July 2022 (Gutachten für das Bundesministerium für Wirtschaft und Klimaschutz), S. 233.

80 Zu dessen Anforderungen siehe *Heberlein* in: Ehmann/Selmayr, DSGVO, 2018, Art. 6 DSGVO Rn. 15 ff.

81 Hervorhebung nur hier.

82 *Specht-Riemenschneider*, MMR 2022, 809, 810 f.

83 *Specht-Riemenschneider*, MMR 2022, 809, 810 f.

dem Data Act ohnehin nur die Datenweitergabe rechtfertigen, nicht aber die weitere Nutzung durch den Datenempfänger, welche einer eigenen Rechtsgrundlage bedarf. Nach Art. 6 Abs. 1 lit. c DSGVO ist die Datenverarbeitung nur zulässig, soweit die Verarbeitung zur Erfüllung einer rechtlichen Verpflichtung erforderlich ist. Folglich wäre die Weitergabe der Daten durch den Dateninhaber möglicherweise aufgrund der Verpflichtung in Art. 5 Data Act-E mit dem Datenschutzrecht vereinbar. Der Datenempfänger benötigt für jede weitere Verarbeitung dieser Daten aber ebenfalls eine Rechtsgrundlage. Er kann sich nicht auf Art. 6 Abs. 1 lit. c DSGVO stützen, da er in keiner Weise, auch nicht durch den Data Act, verpflichtet wird, die Daten zu verarbeiten. Art. 6 Abs. 1 lit. c DSGVO kann also für eine Nutzung von personenbezogenen Daten nicht herangezogen werden.

Darüber hinaus könnte noch der Erlaubnistatbestand aus Art. 6 Abs. 1 lit. f DSGVO (berechtigtes Interesse) einschlägig sein.[84] Wie die dort anzustellende Abwägung ausfällt, lässt sich jedoch nicht rechtssicher pauschal beantworten. Sofern vertreten wird, aus der Normierung des Datenzugangsanspruchs lasse sich ableiten, dass das Interesse des Nutzers am Datenzugang regelmäßig überwiegt,[85] ist dem entgegenzuhalten, dass der Verordnungsentwurf an vielen Stellen eindeutig zum Ausdruck bringt, dass die Vorschriften des Data Act-E komplementär zur DSGVO sein und dessen Schutzniveau nicht absenken sollen (vgl. Art. 1 Abs. 3, Erwägungsgrund 7, 24 Data Act-E). Insbesondere wird in Erwägungsgrund 30 betont, dass der Nutzer, sofern personenbezogene Daten Dritter betroffen sind, sich stets einer ausreichenden datenschutzrechtlichen Rechtsgrundlage vergewissern muss, wobei ausdrücklich auf die Einwilligung und das überwiegende Interesse verwiesen wird. All dies deutet darauf hin, dass durch den Data Act-E die Antwort auf diese Fragen nicht vorgezeichnet werden sollen. Diese Schlussfolgerung wird gestützt durch Art. 5 Abs. 9 Data Act-E, wonach das Recht zur Datenfreigabe an Dritte nicht die Datenschutzrechte anderer Personen beeinträchtigen darf. Jedenfalls aber steht die datenschutzrechtliche Zulässigkeit der Herausgabe von personenbezogenen Daten von Personen, die nicht zugleich der Nutzer sind, auf wackeligen Beinen. Die Problematik sollte durch eine Konturierung der datenschutzrechtlichen Vorschriften im Data Act abgemildert werden.

Aber selbst nicht-personenbezogene Nutzungsdaten dürfen vom Dateninhaber nach Art. 4 Abs. 6 Data Act-E nur mit Einwilligung des jeweiligen

---

84 Siehe zu dessen Voraussetzungen *Heberlein* in: Ehmann/Selmayr, DSGVO, 2018, Art. 6 DSGVO Rn. 25 ff.

85 Vgl. *Specht-Riemenschneider*, MMR 2022, 809, 811.

Nutzers verwendet werden. Damit ist klar, dass die Datenteilungspflicht gar keine Nutzungsdaten anderer Nutzer umfassen kann, da der Dateninhaber damit deren Rechte verletzen würde. Aus diesen Gründen kommt eine Freigabe aggregierter Nutzerdaten unmittelbar durch den Dateninhaber kaum in Betracht.

Diese Einschränkungen sind geeignet, das Regelungsanliegen des Data Act teilweise zu vereiteln.[86] Viele Dienstleistungen, die Drittunternehmen und insbesondere Handwerker als Anschlussdienstleistung erbringen wollen, sind nur mit Zugang zu aggregierten Daten verschiedener Nutzer denkbar. Als Folge der Empfehlung, für nachgelagerte Dienstleistungen den Zugangsanspruch am angestrebten Nutzungszweck zu orientieren (Empfehlung 1), sollten auch hinsichtlich aggregierter Daten Anpassungen vorgenommen werden. Das ist insofern fair, da der Dateninhaber dank seines Kontakts zu zahlreichen Nutzern aggregierte Daten erhalten kann, Dritte genau diese einfache Möglichkeit aber nicht haben.

Der Zugangsanspruch sollte daher für die Nutzung auf nachgelagerten Märkten auch aggregierte Nutzerdaten umfassen, soweit diese beim Dateninhaber vorliegen.

Um die Rechte von natürlichen Personen an ihren personenbezogenen Daten nicht unverhältnismäßig einzuschränken, müssen geeignete Maßnahmen zur Anonymisierung vorgesehen werden.[87] So könnte der Zugangsanspruch des Zugangspetenten davon abhängen, dass dieser die Daten zunächst einem vertrauenswürdigen Datentreuhänder zur Anonymisierung und Aggregierung überlässt.[88] Sofern der Dateninhaber eine solche Anonymisierung bereits durchgeführt hat, sollte er zur Herausgabe dieser Datensätze verpflichtet sein. Dieser zusätzliche Verarbeitungsschritt könnte im Rahmen einer Gegenleistung vergütet werden. Die datenschutzrechtliche Erlaubnis des Dateninhabers, die Daten herauszugeben ergibt sich aufgrund seiner Verpflichtung aus dem Da-

86 *Schweitzer/Metzger et al.*, Data access and sharing in Germany and in the EU: Towards a coherent legal framework for the emerging data economy, Final Report, 8 July 2022 (Gutachten für das Bundesministerium für Wirtschaft und Klimaschutz), S. 234.

87 So auch *Schweitzer/Metzger et al.*, Data access and sharing in Germany and in the EU: Towards a coherent legal framework for the emerging data economy, Final Report, 8 July 2022 (Gutachten für das Bundesministerium für Wirtschaft und Klimaschutz), S. 234.

88 Für den Kfz-Bereich vzbv, Mobilitätsdatenwächter, 2022; *Reither/Methner/Schenkel*, Einführung eines „Mobilitätsdatenwächters“ für eine verbrauchergerechte Datennutzung, 2022.

ta Act aus Art. 6 Abs. 1 lit. c DSGVO. Die Rechtsgrundlage für die Verarbeitung durch einen Datentreuhänder, soweit nach Anonymisierung noch erforderlich, müsste dagegen über die Interessenabwägung nach Art. 6 Abs. 1 lit. f DSGVO gewährleistet werden, sofern man keine zusätzliche Rechtsgrundlage außerhalb des Katalogs von Art. 6 Abs. 1 DSGVO schaffen will. Auch wenn nach der Anonymisierung möglicherweise gar keine personenbezogenen Daten mehr vorliegen, sollten im Sinne der Rechtssicherheit die datenschutzrechtlichen Fragen eindeutig geklärt werden.

(3) Empfohlen wird, klarzustellen, dass der Zugangsanspruch zum Zwecke der Eröffnung von Sekundärmärkten auch die Nutzungsdaten anderer Nutzer umfasst, sofern aggregierte Daten für die Erbringung der Dienstleistung erforderlich sind und dem Dateninhaber zur Verfügung stehen. Eine angemessene Anonymisierung ist bei Weitergabe zu gewährleisten, z.B. über Datentreuhänder. Klargestellt werden sollte, dass bei Anonymisierung ein berechtigtes Interesse i.S.d. Art. 6 Abs. 1 lit. f DSGVO vorliegt, wenn Daten für die weitere Nutzung auf Sekundärmärkten aggregiert werden.

Alternativ könnte das Zusammenführen von Daten mehrerer Nutzer auch in die Sphäre des Datenempfängers verlegt werden. Ein Handwerksunternehmen (oder ein Verband oder die Kammer) könnte die Aggregierung von Daten selbst vornehmen oder von einem beauftragten Unternehmen durchführen lassen. Dafür müsste eine kritische Anzahl Nutzer veranlasst werden, ggf. mit finanziellen Anreizen, die Herausgabe von Nutzungsdaten zum Zwecke der Aggregierung vom Dateninhaber zu verlangen. Sofern der Nutzer einwilligt und ausdrücklich verlangt, dass der Datenempfänger die Daten mit denen anderer aggregieren darf, könnte dieser mittelfristig aggregierte Datensätze aufbauen. Das hätte den praktischen Nachteil, dass den Nutzern nicht direkt die gewünschte Leistung angeboten werden kann, sondern erst dann, wenn genügend andere Nutzer ihre Daten freigegeben haben und eine Aggregierung möglich ist. Gleichwohl mag dieses Modell für bestimmte Anwendungen von Interesse sein, insbesondere wenn Nutzerdaten in einen Datenpool eingespeist werden sollen, in den auch andere Datenquellen einfließen. Hier ergeben sich auch für das Handwerk Chancen.

d) Freigabe für Datenmittler

Besonders effizient wird die Zusammenführung von Nutzerdaten, wenn nicht jedes Unternehmen am Ende der Wertschöpfungskette selbst die Datensätze sammeln und aggregieren müsste, sondern wenn es zwischengeschaltete Datenmittler gibt, die mit Einwilligung der Nutzer wertvolle Datensätze herstellen und diese, mit Einwilligung der Nutzer, mit Drittunternehmen teilen könnten.[89] So könnten zum einen Wettbewerb zwischen mehreren Datenmittlern und zum anderen gleichzeitig ein Datenmarkt entstehen, der weitere Innovationen ermöglicht.[90] So würde die von der Europäischen Kommission angestrebte europäische Datenwirtschaft Kontur erhalten. Zugleich verbliebe beim Nutzer – wie im Data Act-E vorgesehen – die wirtschaftliche Verfügungsgewalt über die Daten.

Unklar ist, ob dieses Modell mit dem vorliegenden Verordnungsentwurf vereinbar ist.[91] Art. 6 Abs. 2 lit. c Data Act-E erschwert die Datenweitergabe vom Datenempfänger an Dritte, z.B. Datenmittler:

> „der [Datenempfänger] darf nicht die erhaltenen Daten einem anderen Dritten in roher, aggregierter oder abgeleiteter Form bereitstellen, es sei denn, dies ist erforderlich, um den vom Nutzer gewünschten Dienst zu erbringen."

Diese Vorschrift untersagt zunächst die Weitergabe der Daten an Dritte, wodurch Datenmittler als Datenhändler für weitere Unternehmen ausgeschlossen wären. Zwar gilt dieses Verbot nicht, wenn die Datenweitergabe vom Nutzer erwünscht wird, allerdings nach dem Wortlaut nur dann, wenn dies erforderlich ist, um „den vom Nutzer gewünschten Dienst zu erbringen". Daraus kann abgeleitet werden, dass eine Datenverarbeitung durch Datenempfänger nur zulässig ist, soweit dies erforderlich ist, um einen vom Nutzer gewünschten Dienst zu erbringen. Mit anderen Worten sind Datenfreigaben losgelöst von einer konkreten gewünschten Dienstleistung für den Nutzer ausgeschlossen. Damit wären jedenfalls Datenfrei-

89 Vgl. *Kerber*, Governance of IoT Data: Why the EU Data Act will not Fulfill Its Objectives, 2022, S. 10 f; *Hennemann/Steinrötter*, NJW 2022, 1481, 1484; *Kempny/Krüger/Spindler*, NJW 2022, 1646, 1647; *Hennemann/von Ditfurth*, NJW 2022, 1905, 1906.

90 *Kerber*, Governance of IoT Data: Why the EU Data Act will not Fulfill Its Objectives, 2022, S. 10.

91 *Kerber*, Governance of IoT Data: Why the EU Data Act will not Fulfill Its Objectives, 2022, S. 10.

gaben zu reinen Verkaufszwecken oder zu Forschung, Weiterentwicklung oder Experiment ausgeschlossen.[92]

Problematisch wird damit auch eine Tätigkeit von Datenmittlern für verschiedene Unternehmen und für verschiedene Dienstleistungen, da der Nutzer nach Art. 6 Abs. 2 lit. c Data Act-E die Datenfreigabe nicht generell, sondern nur zur Ermöglichung *eines* bestimmten Dienstes verlangen kann. Er kann nicht verlangen, dass der Dateninhaber diese freigibt, damit ein Datenmittler diese aufbereiten und mehreren Unternehmen anbieten kann.

Diese Einschränkung auf eine bestimmte Dienstleistung passt zwar auf den ersten Blick zum Ziel, datenbasierte Dienstleistungen auf nachgelagerten Märkten zu erbringen. Übersehen wird dabei aber, dass für einige nachgelagerte Dienstleistungen eine große Menge an Daten verschiedener Nutzer benötigt wird und dass es zu Weiterentwicklungen kommen kann, die bei erster Gestattung noch gar nicht absehbar sind.[93] Zudem widerspricht die Einschränkung auch der Strategie der Europäischen Kommission, einen europäischen Datenmarkt zu schaffen. Es passt außerdem nicht zur erklärten Wertentscheidung, dem Nutzer die wirtschaftlichen Potenziale seiner Nutzungsdaten zuzuweisen.[94] So heißt es in Erwägungsgrund 28, es sollte dem Nutzer freistehen, „die Daten für jeden rechtmäßigen Zweck zu verwenden“ und Ziel sei auch die „Entwicklung völlig neuartiger Dienste [...] auch auf der Grundlage von Daten aus einer Vielzahl von Produkten oder verbundenen Diensten“. Die Kommission versucht also mit dem Data Act sogar eine Zusammenführung von Daten

---

92 Vgl. Verbraucherzentrale Bundesverband e.V., Verbraucher:innen beim Data Act im Blick behalten, 2022, S. 11 f., die den freien Datenverkauf jedoch ablehnt; a.A. *Drexl et. al.*, Position Statement of the Max Planck Institute for Innovation and Competition of 25 May 2022 on the Commission's Proposal of 23 February 2022 for a Regulation on harmonised rules on fair access to and use of data (Data Act), 2022, Rn. 14, welche die Vorschrift nicht als ausreichendes Gegenargument ansehen.

93 Vgl. *Kerber*, Governance of IoT Data: Why the EU Data Act will not Fulfill Its Objectives, 2022, S. 10; *Specht-Riemenschneider*, ZRP 2022, 137, 139; *Schweitzer/Metzger et al.*, Data access and sharing in Germany and in the EU: Towards a coherent legal framework for the emerging data economy, Final Report, 8 July 2022 (Gutachten für das Bundesministerium für Wirtschaft und Klimaschutz), S. 220.

94 Erwägungsgrund 28. A.A. *Drexl et. al.*, Position Statement of the Max Planck Institute for Innovation and Competition of 25 May 2022 on the Commission's Proposal of 23 February 2022 for a Regulation on harmonised rules on fair access to and use of data (Data Act), 2022, Rn. 16, 18.

aus verschiedenen Quellen zu ermöglichen. Sie beschränkt sich aber auf das Zusammenführen von Daten aus verschiedenen Quellen, um *einen Dienst* zu ermöglichen. Daten aus einer (oder auch mehreren Quellen) für *mehrere Dienste* zu verwenden, scheint auch auf Basis der Erwägungsgründe ausgeschlossen. Festgehalten wird an einer konkreten Zweckbindung im Einzelfall.

Die Zweckbindung bei der Datennutzung, die der Nutzer sowohl dem Dateninhaber gemäß Art. 4 Abs. 6 Data Act-E, als auch dem Datenempfänger nach Art. 6 Abs. 1 Data Act-E auferlegen kann, sollte im Grundsatz beibehalten werden. Der Nutzer sollte weiterhin die Verfügungsgewalt darüber haben, wie seine Nutzerdaten verwendet werden. Eine Klarstellung, dass der Nutzer keinen Einschränkungen dabei unterliegt, zu welchem Zweck er die Daten freigeben möchte, würde aber für größere Kompatibilität mit einer Nutzung für Folgemärkte sorgen.[95]

(4) Empfohlen wird klarzustellen, dass der Nutzer keinen Einschränkungen dabei unterliegt, zu welchem Zweck er die Daten freigeben möchte.

Er sollte verlangen können, dass seine Nutzungsdaten von einem Datenempfänger auch zu Zwecken der Konsolidierung, der Aggregierung, der weiteren Entwicklung und des Weiterverkaufs genutzt werden können, auch wenn er selbst (noch) keine bestimmte Dienstleistung wünscht.[96] Dazu gehört auch die Klarstellung, dass die Lizenzvertragsbedingungen zwischen Dateninhaber und Datenempfänger i.S.d. Art. 8 Data Act-E nur dann angemessen sind, wenn der Datenempfänger, im Einklang mit dem Willen des Nutzers, die Daten kombinieren darf. Für diese Fälle wäre ggf. auch das Wettbewerbsverbot nach Art. 4 Abs. 4 und Art. 6 Abs. 2 lit. e Data Act-E zu modifizieren. Schließlich ließe sich kaum sicherstellen, dass

95 So auch *Kerber*, Governance of IoT Data: Why the EU Data Act will not Fulfill Its Objectives, 2022, S. 10; *Schweitzer/Metzger et al.*, Data access and sharing in Germany and in the EU: Towards a coherent legal framework for the emerging data economy, Final Report, 8 July 2022 (Gutachten für das Bundesministerium für Wirtschaft und Klimaschutz), S. 212.

96 *Kerber*, Governance of IoT Data: Why the EU Data Act will not Fulfill Its Objectives, 2022, S. 15; kritisch Verbraucherzentrale Bundesverband e.V., Verbraucher:innen beim Data Act im Blick behalten, 2022, S. 12. A.A. *Drexl* et. al., Position Statement of the Max Planck Institute for Innovation and Competition of 25 May 2022 on the Commission's Proposal of 23 February 2022 for a Regulation on harmonised rules on fair access to and use of data (Data Act), 2022, Rn. 20.

Daten, die später frei verkauft werden, nicht zu Konkurrenzzwecken verwendet werden.[97] Wie oben gesehen, wäre das aber im Sinne des Wettbewerbs eine hinnehmbare Folge.

e) Zugang zu Hilfsmitteln

Der Zugangsanspruch sollte insgesamt nicht auf Daten im engeren Sinne beschränkt bleiben. Die Zweckbindung legt nahe, dass vielmehr auch der Zugang zu solchen Hilfsmitteln ermöglicht werden muss, die den Zugangspetenten erst in die Lage versetzen, auf Anschlussmärkten tätig zu werden. Das umfasst insbesondere Softwareanwendungen und sonstige Tools sowie ggf. begleitende Daten, die nicht bei der Nutzung generiert werden.

(5) Empfohlen wird, dass für Unternehmen, die auf Folgemärkten tätig werden wollen, der Zugangsanspruch auch den Zugang zu weiteren Hilfsmitteln umfasst, ohne die die Nutzerdaten nicht sinnvoll für den angestrebten Zweck genutzt werden können. Das beinhaltet insbesondere den Zugang zu weiteren, nicht-nutzergenerierten Daten, zu Software und zur Infrastruktur, die für eine sinnvolle und unmittelbare Nutzung der Daten erforderlich sind. Der Zugang zu diesen Hilfsmitteln darf nicht prohibitiv vom Dateninhaber ausgestaltet werden, sondern sollte den selben Vorgaben unterliegen wie der Zugang zu den Daten selbst.

Ohne eine derartige Öffnung können die Daten ggf. nicht verwendet werden. Soweit der Dateninhaber Rechte an Software geltend macht, stellt sich die Frage, ob überhaupt solche Rechte bestehen und ob nicht eine Schranke das entsprechende Schutzrecht zu überwinden vermag. Das IP-Recht an Hilfsmitteln darf nicht dazu führen, dass der Hauptanspruch ökonomisch wertlos wird.

97 Vgl. *Graef/Husovec*, Seven Things to Improve in the Data Act, 2022, S. 2.

II. Ausgestaltung des Dreiecksverhältnisses

Im vorangegangenen Abschnitt wurde empfohlen, einen zweckbezogenen Zugangsanspruch im Data Act zu verankern. Das wäre eine Neuerung, die zahlreiche Probleme beim Zugang zum Sekundärmarkt auflösen würde. Der Vorschlag der Kommission für einen Data Act weist weitere Aspekte auf, bei denen Verbesserungspotential mit Blick auf die Zielerreichung besteht. Im Folgenden werden Empfehlungen gegeben, wie das Dreiecksverhältnis von Dateninhaber, Nutzer und Datenempfänger auf Basis der von der Kommission vorgeschlagenen Zugangsansprüche effektiver ausgestaltet werden kann.

Art. 3, 4 und 5 eröffnen für Nutzer und Dritte Zugang zu Daten, die vom Dateninhaber kontrolliert werden. Die Produkte sind grundsätzlich mit einer Funktion auszustatten, die „access by design" ermöglicht (Art. 3 Abs. 1 Data Act-E). Nutzer sollen unmittelbar auf die Daten zugreifen können (Art. 3 Abs. 2 Data Act-E) oder diese „unverzüglich, kostenlos und gegebenenfalls kontinuierlich und in Echtzeit zur Verfügung" gestellt bekommen (Art. 4 Abs. 1 Data Act-E). Dritte benötigen für den Datenzugang die Vermittlung des Nutzers, der gegenüber dem Dateninhaber erklären muss, dass die vom Nutzer bei der Nutzung generierten Daten dem Dritten zur Verfügung gestellt werden sollen (Art. 5 Abs. 1 Data Act-E).

Mit dieser Ausgestaltung werden zwei Vertragsverhältnisse nötig gemacht, nämlich zwischen Dateninhaber und Nutzer sowie zwischen Dateninhaber und Dritten. Durch dieses Modell wird den Dateninhabern eine faktische Vormachtstellung eingeräumt.[98] Die beiden Vertragsverhältnisse ließen sich noch zugangsfreundlicher ausgestalten (dazu 1. und 2.). So lobenswert der grundsätzliche Anspruch ist, dass „access by design" vorzusehen ist, bleiben bei der Art der Zugangsgewährung noch Fragen offen (dazu 3.). Zudem werden zwei Sonderprobleme angesprochen: Virtuelle Assistenten (4.) und vorausschauende Wartung (5.).

---

98 Ebenso *Kerber*, Governance of IoT Data: Why the EU Data Act will not Fulfill Its Objectives, 2022, S. 16 ff; *Specht-Riemenschneider*, ZRP 2022, 137. Siehe auch *Podszun/Pfeifer*, GRUR 2022, 953, 956.

1. Vertrag des Dateninhabers mit dem Nutzer

Im Verhältnis zum Nutzer und erst recht zu dritten Datenempfängern behält der Dateninhaber im Data Act-Entwurf eine faktisch starke Position, obwohl er eine solche, wie gesehen, normativ nicht beanspruchen kann.[99]

Der Dateninhaber benötigt zur Datennutzung die Zustimmung des Nutzers. Dieses Zustimmungserfordernis und der entsprechende Vertrag werden im Data Act kaum konturiert. Der Dateninhaber ist dem Grundmodell des Data Acts zufolge in der Regel der Hersteller des Geräts. Dieser behält – so das der Verordnung zugrundeliegende Bild – standardmäßig die Kontrolle über die Daten.[100] Irritierenderweise heißt es in den Erwägungsgründen, es müsse festgelegt werden, „wer – außer dem Hersteller oder einem anderen Dateninhaber – unter welchen Bedingungen und auf welcher Grundlage berechtigt ist, auf die Daten zuzugreifen, die durch Produkte und verbundene Dienste erzeugt werden."[101] Die faktische Kontrolle durch den Dateninhaber wird mit derart unpräzisen Aussagen in eine rechtliche Befugnis des Dateninhabers zur Datennutzung umgewertet. Der Nutzer muss stets den Zugangsanspruch für sich oder Dritte dem Dateninhaber erst abtrotzen.[102] Es liegt ein Ungleichgewicht vor. Nur selten wird es – etwa im Einzelfall bei bedeutsamen Transaktionen im B2B-Bereich – vorkommen, dass ein Nutzer von vornherein den Datenzugriff erhält, ohne dass der Hersteller noch auf die Daten zugreifen kann.

Die Kommission geht offenbar davon aus, dass der Verbraucher die Nutzung stets gestatten wird.[103] Schließlich wird in der Verordnungsbegründung eine angebliche Einschränkung der Grundrechte der Dateninhaber u.a. damit gerechtfertigt, dass diese ja noch immer die Daten nutzen können, wenn nur der Nutzer einwilligt.[104] Einer solchen Rechtfertigung bedarf es nicht, wenn erkannt wird, dass der Dateninhaber sich eben nicht auf ein Recht, sondern auf eine faktische Position stützt. Der erforderliche Aufwand zur Sammlung der Daten wird regelmäßig äußerst gering sein, jedenfalls lässt sich dieser aber notfalls vergüten. Die Konsumentensouveränität, die die Entscheidungen für den Data Act leiten soll, wird nur dann gewahrt, wenn die Verbraucherinnen und Verbraucher echte Aus-

99 Vgl. *Specht-Riemenschneider*, MMR 2022, 809, 818.
100 Erwägungsgrund 19 Data Act-E; Data Act-E – Begründung, S. 16.
101 Erwägungsgrund 4 Data Act-E.
102 *Specht-Riemenschneider*, MMR 2022, 809, 818.
103 Verbraucherzentrale Bundesverband e.V., Verbraucher:innen beim Data Act im Blick behalten, 2022, S. 13.
104 Data Act-E – Begründung, S. 16.

wahlmöglichkeiten haben. Wenn der Nutzer keine echte Wahl hat, bleibt von der Konsumentensouveränität nicht viel übrig.[105] Dann versagt aber in der Folge auch der Wettbewerb auf den nachgelagerten Märkten, da dieser Wettbewerb davon lebt, dass Konsumenten auswählen, wen sie mit der Leistungserbringung beauftragen wollen.

a) Auswahl- und Zustimmungsmöglichkeit

Es ist von vornherein nur schwer vorstellbar, dass Verbraucher in echte Verhandlungen über die Datennutzung mit dem Hersteller eines Geräts treten. Ein Aushandlungsprozess, der zu fairen Ergebnissen führt, wird in den Massengeschäften des Alltags beim Erwerb von smarten Geräten nicht zu leisten sein. Ausdrücklich vorgesehen sind nur einige vorvertragliche Informationspflichten (Art. 3 Abs. 2 Data Act-E), im Übrigen ist davon auszugehen, dass der Grundsatz der Vertragsfreiheit gilt.[106] Es ist zu befürchten, dass die „Richtigkeitsgewähr des Vertragsmechanismus" (*Schmidt-Rimpler*) bei der Einigung zwischen Dateninhabern und Verbrauchern größtenteils versagen wird.[107] Der Dateninhaber wird – nach derzeitiger Fassung des Data Act – häufig keine Schwierigkeiten haben, die Zustimmung des Nutzers einzuholen.[108]

Die Situation ist mit der Einwilligung als Bedingung für die Datenverarbeitung nach Art. 6 Abs. 1 S. 1 lit. a DSGVO vergleichbar. Die Praxis zeigt, dass Verbraucher dieses Recht nur selten mit besonderem Bedacht zuweisen. Vielmehr ist es üblich, durch einen schnellen „OK-Klick" oder die Annahme eines umfassenden Vertragswerks samt „Kleingedrucktem" die Einwilligung in Datenverarbeitungsvorgänge zu erklären.[109] Dass dabei die Tragweite überblickt wird, ist zweifelhaft, zumal das Design der Aus-

---

105 Vgl. *Specht-Riemenschneider*, MMR 2022, 809, 816.

106 *Kerber*, Governance of IoT Data: Why the EU Data Act will not Fulfill Its Objectives, 2022, S. 21.

107 Zur grundrechtlichen Dimension siehe *Engeler*, NJW 2022, 3398, 3402. Vgl. auch *Hennemann/Steinrötter*, NJW 2022, 1481, 1483; *Specht-Riemenschneider*, MMR 2022, 809, 816; *Podszun/Pfeifer*, GRUR 2022, 953, 960 f.

108 *Ducuing* in: Ducuing/Margoni/Schirru, White Paper on the Data Act Proposal, CITIP Working Paper Series, 2022, S. 26; *Habich*, IIC 2022, 1343, 1347.

109 Vgl. Wissenschaftlicher Beirat beim Bundesministerium für Wirtschaft und Energie, Digitalisierung in Deutschland – Lehren aus der Corona-Krise, 2021, S. 16 f.; *Engeler*, Die Einwilligung ist das Problem, Netzpolitik, 3.8.2021, https://netzpolitik.org/2021/datensouveraenitaet-die-einwilligung-ist-das-problem/.

wahlmöglichkeiten häufig intransparent oder manipulativ ist. Ähnliche Vorgehensweisen der Beteiligten sind hinsichtlich der Datennutzung zu erwarten. Sicherungsmechanismen zum Schutz des Nutzers oder erhöhte Voraussetzungen für die Zustimmung sind nicht vorgesehen.[110] Auch ein neutrales Design, das eine echte Auswahl ermöglicht oder gar eine Standardformulierung sind nicht verpflichtend vorgesehen.[111] Ein einfaches Zustimmungsmanagement, das Nutzern eine echte Auswahl zwischen verschiedenen Zugangsmodellen ermöglicht und zugleich die Fairness für verschiedene Marktakteure wahrt, ist sicherzustellen.[112]

(6) Empfohlen wird, ein Zustimmungsmanagement vorzuschreiben, das Nutzern eine echte Auswahl zwischen verschiedenen Zugangsmodellen ermöglicht.

Vorbildhaft dafür kann die Regelung in Art. 5 Abs. 2 DMA für die Zustimmung zum Aufbau von Nutzerprofilen durch Gatekeeper herangezogen werden. Sie enthält Qualifikationen zum Schutz der Nutzer: Dem Nutzer muss eine spezifische Wahl gegeben werden. Die Zustimmung muss den Anforderungen in Art. 4 Nr. 11 und Art. 7 DSGVO genügen. Das würde bedeuten, dass Nutzer eine bewusste Auswahl aus verschiedenen Möglichkeiten frei treffen können müssen. So wäre etwa vorstellbar, dass beim Erwerb eines datensammelnden Geräts der Nutzer entscheiden muss, was mit den Daten geschehen soll. Dabei sollte – in fairer Weise – abgefragt werden, wer Zugang zu den Sekundärmärkten erhalten soll. Die so erteilte Zustimmung könnte für die Auswahl der Leistungserbringer von absehbaren Folgedienstleistungen (Wartung, Reparatur, Erweiterung usw.) maßgeblich sein, sodass in der Folge für die ausgewählten Betriebe automatisch Zugang gewährt wird. Die Abfrage könnte in regelmäßigen Abständen erneut durchgeführt werden, damit der Nutzer nicht ein für alle Mal an seine erste Auswahlentscheidung gebunden ist. Die Alternativen müssen in Aufmachung und Art gleichwertig präsentiert werden, freilich ohne den Nutzer mit einer Informationsflut zu überfordern. Wichtig ist mit Blick auf Sekundärmärkte insbesondere, dass der Dateninhaber das privilegierte Vertragsverhältnis zum Nutzer nicht unfair missbraucht, um zu seinen Gunsten oder zugunsten seiner autorisierten Vertragspartner Rechtsein-

110 *Specht-Riemenschneider*, MMR 2022, 809, 816.
111 Vgl. *Specht-Riemenschneider*, MMR 2022, 809, 820.
112 ZDH, Bewertung des Kommissionsvorschlags für ein Europäisches Datengesetz KOM(2022) 68 final, 2022, S. 4.

räumungen zu veranlassen oder andere Dritte von kategorisch von der Nutzung auszuschließen. Ein weitgehend vorgegebenes Zustimmungsmanagement (ggf. durch neutrale Dritte, etwa Datenvermittlungsdienste nach Art. 10 Data Governance Acts) würde dieser Gefahr vorbeugen.[113]

b) Verbot der Kopplung

Insbesondere sollte vorgesehen werden, dass die Zustimmung nicht als freiwillig anzusehen ist, wenn sie zur Bedingung eines Vertragsschlusses gemacht wird, für den sie nicht technisch oder rechtlich erforderlich ist.[114] Eine entsprechende Regelung ist im Data Act-E nicht vorgesehen.[115] Der Dateninhaber kann den Erwerb von der uneingeschränkten Zustimmung des Nutzers zu einer bestimmten Datennutzung abhängig machen, wodurch das Einwilligungserfordernis erheblich entwertet wird.[116] Die Untersagung einer solchen Kopplungspraxis müsste auch Umgehungslösungen erfassen, z.B. eine differenzierte Preisgestaltung.

(7) Empfohlen wird, eine Kopplung zu verbieten, die den Erwerb des Produkts von der Zustimmung zu einem bestimmten, nicht erforderlichen Datenzugang für den Dateninhaber oder von ihm beauftragte Personen abhängig macht.

c) Klärung von Unklarheiten im Vertrag

Im Ergebnis wird die Chancenverteilung auch davon abhängen, wie einfach die Klärung von Konflikten über die korrekte Auslegung des Data Acts ist. Das verlangt einerseits möglichst präzise Aussagen in den ma-

113 Vgl. zur Einbindung von Vermittlern *Podszun*, GRUR Int. 2022, 197, 201.

114 Vgl. *Schweitzer/Metzger et al.*, Data access and sharing in Germany and in the EU: Towards a coherent legal framework for the emerging data economy, Final Report, 8 July 2022 (Gutachten für das Bundesministerium für Wirtschaft und Klimaschutz), S. 221. Siehe näher dazu *Dammann*, ZD 2016, 307, 311; *Frenzel* in: Paal/Pauly, DS-GVO BDSG, 2021, Art. 7 DS-GVO, Rn. 18 ff.; Verbraucherzentrale Bundesverband e.V., Verbraucher:innen beim Data Act im Blick behalten, 2022, S. 13; *Specht-Riemenschneider*, MMR 2022, 809, 817.

115 Vgl. *Hennemann/Steinrötter*, NJW 2022, 1481, 1483.

116 *Podszun/Pfeifer*, GRUR 2022, 953, 960 f; *Kerber*, Governance of IoT Data: Why the EU Data Act will not Fulfill Its Objectives, 2022, S. 23.

teriellen Vorschriften, andererseits eine klare Rechtsdurchsetzung. Nur wenn die materiellen Vorschriften zügig und effektiv durchgesetzt werden können, entfalten sie Wirkung. Darauf sind gerade diejenigen Marktteilnehmer angewiesen, die die Hilfe des Rechts benötigen, um sich gegen mächtigere Verhandlungspartner durchzusetzen.

Einer effizienten und einfachen Rechtsdurchsetzung stehen zunächst praktische Auslegungsfragen rund um die skizzierten Nutzungsverträge im Weg. Sobald Fragen offen sind, sind sie streitanfällig und können – entsprechend langer Atem vorausgesetzt – von den Parteien jahrelang durch die Instanzen getragen werden.

Das betrifft hinsichtlich des Nutzungsvertrags vor allem die folgenden Punkte:

- Wer ist überhaupt Nutzer i.S.d. Data Acts?[117] Fallen darunter auch kurzzeitige Besitzer? Oder nur Eigentümer? Art. 2 Nr. 5 Data Act-E und Erwägungsgrund 20 lassen diese Frage offen. Was gilt beispielsweise für den Fahrer eines Dienstwagens, den der Arbeitgeber (das Unternehmen) erworben hat? Was gilt, wenn Eltern einen Kühlschrank kaufen, den sie nach einer Weile der Tochter für ihre Studenten-WG schenken? Was gilt bei Gästen, die sich in einem Smart Home aufhalten und dort Daten erzeugen?
- Was gilt, wenn ein smartes Produkt weiterverkauft oder verschenkt wird? Gelten Einwilligungen fort, die der ursprüngliche Erwerber ausgesprochen hat? Müssen sich die neuen Eigentümer selbsttätig darum kümmern, Verträge upzudaten?
- Wie lange ist die einmal erteilte Einwilligung gültig?[118] Gilt sie für unbegrenzte Zeit? Was ist, wenn sich in der Zwischenzeit Parameter für die eine oder andere Seite ändern?[119] Ist eine regelmäßige Erneuerung erforderlich?

---

117 Vgl. *Hennemann/Steinrötter*, NJW 2022, 1481, 1484; *Specht-Riemenschneider*, MMR 2022, 809, 814; *Klink-Straub/Straub*, ZD-Aktuell 2022, 01076; BDI, Stellungnahme zum Legislativvorschlag des EU-Data Act, 2022, S. 10; Bitkom, Position Paper EU Data Act Proposal, 2022, S. 14; DIHK, Stellungnahme zum Vorschlag für eine Verordnung über harmonisierte Vorschriften für einen fairen Datenzugang und eine faire Datennutzung (Datengesetz), 2022, S. 3; ZDH, Bewertung des Kommissionsvorschlags für ein Europäisches Datengesetz KOM(2022) 68 final, 2022, S. 3.

118 Vgl. dazu *Specht-Riemenschneider*, MMR 2022, 809, 817; *Bomhard/Merkle*, RDi 2022, 168, 174.

119 Vgl. dazu BDI, Stellungnahme zum Legislativvorschlag des EU-Data Act, 2022, S. 15 f.

- Was gilt, wenn der Nutzungsvertrag rückabgewickelt wird, unwirksam ist oder eine Leistungsstörung vorliegt?[120] Wann fällt in einer solchen Konstellation eine früher erteilte Einwilligung weg? Ist ggf. eine Rückabwicklung oder Entschädigung vorzusehen? Müssen erlangte Daten vernichtet werden?

Schon diese Fragen deuten darauf hin, dass das Modell „Nutzungsvertrag“ noch nicht in allen Konsequenzen bedacht worden ist. Eine erste unverbindliche Abhilfe schaffen möglicherweise die in Art. 34 Data Act-E vorgesehenen Mustervertragsbedingungen. Im Übrigen wäre eine gerichtliche Klärung abzuwarten.

(8) Empfohlen wird, Unklarheiten in der Ausgestaltung des Vertrags zwischen Dateninhaber und Nutzer noch im Gesetzgebungsverfahren aufzulösen. Klärungsbedürftig sind der Nutzerbegriff, insbesondere bei Weitergabe oder Fremdnutzung des Produkts, die Laufzeit und Bindungswirkung der Einwilligung sowie die Konsequenzen einer Vertragsstörung.

Die beste Option für die Verwaltung verschiedener Nutzer dürfte eine technische Lösung über Nutzerprofile sein. Hier könnten auch Zustimmungsmanagement-Systeme zum Einsatz kommen. Möglicherweise kann der Einsatz von Künstlicher Intelligenz die Vertragsgestaltung beflügeln.[121] Für die Einwilligung scheinen eine begrenzte Laufzeit und eine regelmäßige Neu-Abfrage wettbewerbsfördernd. Zu überlegen wäre mit Blick auf Art. 34 Data Act-E, den Anreiz zur Nutzung von Musterverträgen zu erhöhen, indem bei Abweichung von diesen eine Indizwirkung angenommen wird, dass Abweichungen zugunsten des Dateninhabers und zu Lasten von Kleinstunternehmen und KMU missbräuchlich sind.

2. Vertrag des Dateninhabers mit dem Dritten

Dritte erlangen nur Zugang, wenn der Zugang über Nutzer vermittelt wird. Nach dem Leitbild kommt es nach der Aufforderung des Nutzers zu

---

120 Siehe dazu *Specht-Riemenschneider*, MMR 2022, 809, 814.
121 Vgl. zu Zugangsfragen im DMA *Hacker*, GRUR 2022, 1278.

einem Vertragsschluss zwischen Dateninhaber und Datenempfänger (vgl. Art. 8 Abs. 2 Data Act-E).[122]

a) Grundsatzkritik des vertraglichen Modells

Dieser Weg erhöht die Transaktionskosten für Datenempfänger, die sich nicht unmittelbar über eine offene Schnittstelle die Daten besorgen können, diese auf sonstigem Weg automatisch mit der Nutzerzustimmung erhalten oder in direkten Verhandlungen mit dem Dateninhaber vorgehen können.[123]

Dass die Zustimmung des Nutzers erforderlich ist, mag – wie gesehen – wegen der möglicherweise enthaltenen personenbezogenen Daten, wegen der Stellung des Nutzers als Eigentümer, Mieter usw. des Geräts und aus der Überlegung heraus, dass nur durch die Aktivitäten des Nutzers die Daten generiert wurden, noch nachvollziehbar sein. Wesentlich weniger plausibel ist, warum ein Vertrag mit dem Dateninhaber erforderlich sein soll – dieser Vertrag wird erst nötig, weil sich der Dateninhaber eine faktische Kontrollposition anmaßt. Herstellung und Entwicklung des Geräts sind bereits abgegolten. Die Daten werden dem Dateninhaber normativ gerade nicht zugeordnet. Die faktische Position wird durch das Vertragsmodell vom Verordnungsgeber regelrecht aufgewertet.[124] Sie wird dadurch nicht etwa aufgebrochen, sondern erst begründet. Die einzige Rechtfertigung dafür ist der Bereitstellungsaufwand, der durch die Datenteilung mit dem Datenempfänger entsteht. Dieser Aufwand entsteht aber erst dadurch, dass keine automatische Datenbereitstellung „by design" erfolgt – was der Entwickler des Produkts in der Hand hat.

Der nach dem Leitbild des Data Acts erforderliche Vertrag zwischen Dateninhaber und Datenempfänger birgt verschiedene Probleme, da sich

---

122 A.A. offenbar *Schweitzer/Metzger et al.*, Data access and sharing in Germany and in the EU: Towards a coherent legal framework for the emerging data economy, Final Report, 8 July 2022 (Gutachten für das Bundesministerium für Wirtschaft und Klimaschutz), S. 223, die wohl davon ausgehen, dass ein Vertrag zwischen Dateninhaber und Drittem nicht zwingend erforderlich, aber sinnvoll ist.

123 *Drexl et. al.*, Position Statement of the Max Planck Institute for Innovation and Competition of 25 May 2022 on the Commission's Proposal of 23 February 2022 for a Regulation on harmonised rules on fair access to and use of data (Data Act), 2022, Rn. 72.

124 *Kerber*, Governance of IoT Data: Why the EU Data Act will not Fulfill Its Objectives, 2022, S. 16.

eine fehlende Vertragsparität bei Vergütung und Bedingungen negativ für die schwächere Partei niederschlagen wird.[125] Der Vertrag bietet erhebliches Störungspotenzial für den freien Datenzugang, gerade weil auch über eine Vergütung verhandelt werden soll.[126]

Solche Vertragsverhandlungen können im B2B-Bereich zu effizienten Ergebnissen führen, wenn sich die Unternehmen auf einer Ebene befinden und keine Machtasymmetrien bestehen.[127] Im B2B-Bereich sind auch Situationen denkbar, in denen der Hersteller eines Produkts vom Käufer abhängig ist und eine umgekehrte Verhandlungsmacht besteht, z.B. bei Zulieferern von Kraftfahrzeugherstellern.[128] Hier kann es dazu kommen, dass die Datenhoheit beim Erwerber liegt und der Hersteller Bedingungen akzeptieren muss, unter denen er beispielsweise nicht die Daten zur Verbesserung seiner eigenen Produkte erhalten kann.[129] Im Kontext von B2B-Datenverträgen könnte es sogar effizient sein, beiden Seiten einen unabdingbaren Datenzugang zu gewähren, nicht nur den Nutzern.[130]

Besonders virulent bleibt aber der – etwa handwerkstypische – Fall, dass ein kleineres Unternehmen Zugang zum Sekundärmarkt, z.B. für Folge-

125 *Kerber*, Governance of IoT Data: Why the EU Data Act will not Fulfill Its Objectives, 2022, S. 11 ff.

126 Vgl. *Drexl et. al.*, Position Statement of the Max Planck Institute for Innovation and Competition of 25 May 2022 on the Commission's Proposal of 23 February 2022 for a Regulation on harmonised rules on fair access to and use of data (Data Act), 2022, Rn. 71.

127 *Kerber*, Governance of IoT Data: Why the EU Data Act will not Fulfill Its Objectives, 2022, S. 22.

128 Beispiel nach *Kerber*, Governance of IoT Data: Why the EU Data Act will not Fulfill Its Objectives, 2022, S. 22. Siehe auch BDI, Stellungnahme zum Legislativvorschlag des EU-Data Act, 2022, S. 13 f.

129 *Drexl et. al.*, Position Statement of the Max Planck Institute for Innovation and Competition of 25 May 2022 on the Commission's Proposal of 23 February 2022 for a Regulation on harmonised rules on fair access to and use of data (Data Act), 2022, Rn. 54; DIHK, Stellungnahme zum Vorschlag für eine Verordnung über harmonisierte Vorschriften für einen fairen Datenzugang und eine faire Datennutzung (Datengesetz), 2022, S. 6.

130 *Kerber*, Governance of IoT Data: Why the EU Data Act will not Fulfill Its Objectives, 2022, S. 22. Vgl. *Drexl et. al.*, Position Statement of the Max Planck Institute for Innovation and Competition of 25 May 2022 on the Commission's Proposal of 23 February 2022 for a Regulation on harmonised rules on fair access to and use of data (Data Act), 2022, Rn. 54; *Schweitzer/Metzger et al.*, Data access and sharing in Germany and in the EU: Towards a coherent legal framework for the emerging data economy, Final Report, 8 July 2022 (Gutachten für das Bundesministerium für Wirtschaft und Klimaschutz), S. 216. Siehe auch *Specht-Riemenschneider*, MMR 2022, 809, 820.

dienstleistungen oder Reparaturen, anstrebt, aber auf eine Vereinbarung mit dem Dateninhaber angewiesen ist, die vom Nutzer vermittelt wird. Es kann zumindest für Handwerkerleistungen wie Reparaturen erwartet werden, dass in fast allen Fällen ein strukturelles Ungleichgewicht gegeben ist: Dem Handwerksbetrieb, der typischerweise ein kleiner Betrieb ist,[131] stehen Gerätehersteller oder Internetplattformen gegenüber. Selbst wenn die Nutzerzustimmung vorliegt, ist die Vereinbarung noch nicht geschlossen. Dies ließe sich in erster Linie durch einen (kostenlosen), jedenfalls aber effektiven, hochwertigen, permanenten Echtzeitzugang auch für Dritte lösen. Diese sollten zumindest ad hoc nach Zustimmung des Nutzers eine unmittelbare Zugangsmöglichkeit erhalten, ohne dass noch mit dem Dateninhaber verhandelt werden muss.[132] Solche direkte Zugangsmöglichkeiten im Sinne eines „access by design" für Dritte sind bisher nicht vorgesehen. Gerade für Dritte wäre ein direkter Datenzugang sehr viel wichtiger als für Verbraucher.[133] Ein derzeit beim EuGH anhängiger Fall aus der Automobilwirtschaft zeigt, wie anfällig selbst bei Zugangsansprüchen die tatsächliche Zugangsgewährung noch ist, wenn der Dateninhaber seine faktische Überlegenheit ausspielt: In dem Fall wird moniert, dass die Kfz-Hersteller verlangen, dass unabhängige Reparaturwerkstätten, die auf Daten zugreifen wollen, eine Registrierung, einen Login mit permanenter Internetverbindung und ein kostenpflichtiges Abonnement von Tools zum Datenzugriff aufweisen müssen.[134] Da für die Leistungserbringung auf dem Sekundärmarkt rascher Zugang erforderlich ist, wäre ein automatischer Zugang nach Nutzer-Zustimmung die verbraucherfreundlichste Lösung, die geringe Transaktionskosten und geringe Missbrauchsanfälligkeit hätte sowie echten Wettbewerb um den und auf dem Sekundärmarkt ermöglicht. Als Standardmöglichkeit würde dies einen erheblichen Fortschritt bedeuten. Lässt sich dies nicht durchsetzen, wäre zumindest denkbar, Da-

---

131 Nach den Zahlen des Statistischen Bundesamts für 2019 hatten über die Hälfte der Handwerksbetriebe in Deutschland weniger als 250.000 Euro Umsatz und fast 80 % der Handwerksunternehmen hatten 9 oder weniger Mitarbeitende, siehe https://www.zdh.de/daten-und-fakten/betriebe/beschaeftigte/umsaetze/.

132 Vgl. *Drexl et. al.*, Position Statement of the Max Planck Institute for Innovation and Competition of 25 May 2022 on the Commission's Proposal of 23 February 2022 for a Regulation on harmonised rules on fair access to and use of data (Data Act), 2022, Rn. 69.

133 *Podszun/Pfeifer*, GRUR 2022, 953, 956 f. Vgl. auch *Specht-Riemenschneider*, MMR 2022, 809, 823 f.

134 Im konkreten Fall geht es um Zugang nach Art. 61 Abs. 1, Abs. 4 VO (EU) 2018/858. Das Verfahren ist beim EuGH anhängig unter Az. C-296/22.

teninhaber zu privilegieren, die derartige Lösungen wählen. Sie könnten z.B. weitergehende Rechte bei der Gestaltung von Nutzungsbedingungen haben. Ein solches flexibilisiertes Modell könnte eine Kompromisslinie darstellen.

Der Data Act-E ist für derartige Missbrauchsmöglichkeiten und für die strukturellen Machtungleichgewichte zwischen Dateninhaber und Datenempfänger teilweise blind. Positiv zu erwähnen ist, dass einzelne Relativierungen des Ungleichgewichts bei KMU vorgesehen sind, insbesondere durch die Klauselkontrolle in Art. 13 Data Act-E (zu diesen Bedingungen siehe unten). Die Grundkonstellation bleibt jedoch problematisch.

(9) Empfohlen wird, dass auf Zuruf des Nutzers unmittelbar ein Zugangsrecht für Dritte geschaffen werden muss, ohne dass es noch zu Verhandlungen zwischen Dateninhabern und Dritten kommen muss. Erwogen werden könnte jedenfalls, dass derartige Lösungen im Data Act privilegiert werden.

b) Ausnutzung von Informationsvorteilen

In Art. 5 Abs. 5 Data Act-E ist vorgesehen, dass Dateninhaber ihre überlegene Position nicht verwenden dürfen, um Einblicke in die geschäftlichen Strategien Dritter zu erlangen. Gerade wenn Dateninhaber und Dritte auf denselben Märkten tätig sind, besteht großes Missbrauchspotenzial. Ob die Vorschrift in Art. 5 Abs. 5 Data Act-E in der Praxis dieses Risiko ausreichend zu begrenzen vermag, ist zweifelhaft: Die Klausel ist vorsichtig und konditional formuliert. Häufig wird der Nachweis nicht gelingen. Immerhin wird aber das Problem gesehen, dass die Kontrollmöglichkeit von Informationen, die nicht in den normativen Zuordnungsbereich desjenigen fallen, der sie kontrolliert, zu Wettbewerbsverzerrungen führen kann. Eine strengere Formulierung findet sich für das gleiche Problem in Art. 6 Abs. 2 DMA.[135]

135 In Art. 6 Abs. 2 DMA heißt es: „Der Torwächter darf im Wettbewerb mit gewerblichen Nutzern keine nicht öffentlich zugänglichen Daten verwenden, die von diesen gewerblichen Nutzern im Zusammenhang mit der Nutzung der betreffenden zentralen Plattformdienste oder der zusammen mit den betreffenden zentralen Plattformdiensten oder zu deren Unterstützung erbrachten Dienste generiert oder bereitgestellt werden, einschließlich der von den Kunden dieser gewerblichen Nutzer generierten oder bereitgestellten Daten.

(10) Empfohlen wird, die Klausel in Art. 5 Abs. 5 Data Act-E strenger zu formulieren.

c) Beschädigung des Verhältnisses von Dritten zum Nutzer

Soweit der Verbraucher im Dreiecksverhältnis zu Dateninhaber und Drittem aktiviert wird, ist zu beachten, dass das Verhältnis des Dritten zu seinem (potenziellen) Kunden nicht beschädigt werden darf. Dem Nutzer dürfen keine aufwändigen Handlungen aufgebürdet werden, die zur Verärgerung über den Dritten führen. Wird die Datenweitergabe aus Sicht der Verbraucher „umständlich", leidet darunter die Geschäftsbeziehung zum Leistungserbringer: Der Kunde nimmt den Service dann als schwerfällig wahr und setzt beim nächsten Mal möglicherweise auf einen vom Dateninhaber direkt empfohlenen Vertragspartner des Dateninhabers. Für den fairen wettbewerblichen Zugang zu Sekundärmärkten ist daher unerlässlich, dass Datenempfänger einen möglichst einfachen Zugang zu Daten erhalten.

Das gilt schon für die notwendige Zustimmung des Verbrauchers nach dem Modell in Art. 5 Data Act-E. Muss der Nutzer tätig werden, wird dieser möglicherweise mit Rückfragen oder Formalia behelligt, so schadet dies der Beziehung zwischen Nutzer und Dritten. Hält man an der Vermittlung über den Nutzer fest, ist es essenziell, dass keine Hürden oder Transaktionskosten aufgebaut werden, die die Verwendung des Modells aus Nutzersicht unangenehm werden lassen. Ideal wäre ein automatisierter Prozess, dem der Nutzer schon mit Erwerb des Geräts zustimmt oder der sehr einfach aktiviert werden kann. Rückfragen durch den Dateninhaber an den Nutzer würden hier bereits einen Negativeindruck erzeugen. Durch Stellvertretungslösungen mit dem Dritten oder Datenmittlern könnte der individuelle Endverbraucher auch gänzlich aus dem Prozedere herausgehalten werden. Unbedingt zu vermeiden ist, dass die Datenweiter-

---

Für die Zwecke des Unterabsatzes 1 umfassen die nicht öffentlich zugänglichen Daten alle von gewerblichen Nutzern generierten aggregierten und nichtaggregierten Daten, die aus den kommerziellen Tätigkeiten gewerblicher Nutzer oder ihrer Kunden auf den betreffenden zentralen Plattformdiensten oder auf Diensten, die zusammen mit den betreffenden zentralen Plattformdiensten des Torwächters oder zu deren Unterstützung erbracht werden, abgeleitet oder durch diese erhoben werden können, einschließlich Klick-, Anfrage-, Ansichts- und Sprachdaten."

gabe an den Dritten künstlich verzögert, bürokratisiert oder auf sonstige Weise erschwert wird oder seitens des Dateninhabers beim vermittelnden Nutzer ein schlechter Eindruck vom Datenempfänger erzeugt wird.

(11) Empfohlen wird, das Zustimmungsmanagement so auszugestalten, dass weder künstliche bürokratische Hürden zur Zustimmung errichtet werden noch der Nutzer vom Dateninhaber zu Ungunsten des Dritten beeinflusst werden kann. Nutzt der Dateninhaber seine Position, um den Nutzer zum Nachteil Dritter zu beeinflussen, sollte eine Sanktion vorgesehen werden.

3. Format der Zugangsgewährung

Eines Zugangs über den umständlichen Vertragsweg im Dreiecksverhältnis bedarf es grundsätzlich nicht, wenn Nutzer unmittelbar Daten an Dritte weitergeben können oder diese direkt auf die Daten zugreifen können. Das setzt allerdings voraus, dass unkompliziert Zugriff auf die Daten gewährt wird. Das Ziel muss sein, dass Datenempfänger einen hochwertigen Datenzugang erhalten.

a) Format der Daten

Der Data Act-E macht keine Vorgaben dazu, in welchem Format die Daten zugänglich gemacht werden müssen. Hier mangelt es bei der Frage des Datenzugangs an Problembewusstsein. Das überrascht, da an anderer Stelle im Data Act-E davon die Rede ist, dass „alle erzeugten oder gemeinsam erzeugten Daten, einschließlich der relevanten Datenformate und Datenstrukturen, in einem strukturierten, gängigen und maschinenlesbaren Format“ exportiert werden sollen (Art. 26 Abs. 4 Data Act-E, siehe auch Art. 28 Abs. 1 lit. b Data Act-E sowie Erwägungsgrund 31). In der Konsultation vor dem Data Act waren als Schwierigkeiten zu 69 % „technische Hindernisse (Formate, fehlende Standards)“ genannt worden.[136] Nur wenn die Daten in einem standardisierten Format herausgegeben werden, lässt sich die für Folgedienstleistungen erforderliche technische Interopera-

136 Data Act-E – Begründung, S. 12.

bilität gewährleisten.[137] Sind Daten erst mühsam umzuwandeln, steigen die Transaktionskosten für Sekundärmarktleistungen.

Zwar gibt es in Art. 28 ff. Data Act-E Vorschriften über die Interoperabilität von Datenräumen, in denen Daten sicher geteilt und gemeinsam genutzt werden können. Diese Vorschriften gelten jedoch nicht unmittelbar für die Datenherausgabe von Dateninhaber an Datenempfänger. Es ist zwar möglich, dass diese die Nutzung von Datenräumen vereinbaren, aber nicht verpflichtend. Daher muss davon ausgegangen werden, dass Unternehmen, die zuvor nicht gewillt waren, Daten mit anderen Unternehmen zu teilen, einem Datenteilungsmodell über Datenräume nicht offen gegenüberstehen.

Bei der Wahl des Formats der Daten können möglicherweise proprietäre Lösungen gewählt werden, sodass Daten nicht oder nur mit Hilfe weiterer Tools, die vom Datenkontrolleur erworben werden müssen, gelesen und verwertet werden können.

Dem kann nur eine Lösung entgegenwirken, nach der Daten in einem strukturierten, gängigen und maschinenlesbaren Format oder jedenfalls in branchenüblicher, einfach zugänglicher Weise zur Verfügung gestellt werden.[138] Dies ist so auch in Art. 6 Abs. 10 DMA vorgesehen.[139] Welche Formate genau diese Kriterien erfüllen, kann ggf. außerhalb des Data Act geregelt werden, z.B. durch Brancheninitiativen und/oder delegierte Rechtsakte der Kommission. Allgemeingültige Lösungen für unterschiedliche Branchen und Anwendungsbereiche werden nicht immer möglich sein, obwohl gerade das branchenübergreifende Zusammenwirken eine große Chance der vernetzten Datenökonomie ist. Dieses Problem ließe sich entweder über delegierte Rechtsakte der Kommission gem. Art. 290 AEUV im Wege einer Vereinheitlichung lösen (ähnlich schon vorgesehen in Art. 28 Data Act-E für Betreiber von Datenräumen) oder durch eine Pflicht, die Daten für Intermediäre zugänglich zu machen, die die Interoperabilität dann herstellen.

137 *Kerber*, Governance of IoT Data: Why the EU Data Act will not Fulfill Its Objectives, 2022, S. 12.

138 Vgl. *Schweitzer/Metzger et al.*, Data access and sharing in Germany and in the EU: Towards a coherent legal framework for the emerging data economy, Final Report, 8 July 2022 (Gutachten für das Bundesministerium für Wirtschaft und Klimaschutz), S. 228 f.

139 Siehe dazu unten, D.II.

(12) Empfohlen wird, eine Verpflichtung aufzunehmen, dass Daten in einem strukturierten, gängigen und maschinenlesbaren Format oder in branchenüblicher Weise zur Verfügung gestellt werden müssen. Zudem sollte untersagt werden, dass für Lesen, Speichern und Nutzen der Daten weitere Tools kostenpflichtig erworben werden müssen.

Nicht unerwähnt bleiben sollte, dass Standardisierungen immer auch mit einem Verlust an Innovation und Flexibilität einhergehen und den Wettbewerb auch beschränken. Ein gewisser „Wettbewerb der Standards" ist also durchaus wünschenswert. Das hindert aber nicht die Erfüllung der genannten Anforderungen an das Datenformat.

b) Zugriff und in situ-Zugang

Im Verordnungsentwurf heißt es an verschiedenen Stellen, dass Daten „zugänglich" gemacht werden müssen. Genauere Vorgaben oder Erläuterungen finden sich kaum. Was „zugänglich machen" praktisch bedeutet, bleibt unklar.[140] Der Regelfall ist nach Art. 4 Abs. 1 Data Act-E e.c. jedenfalls die Zugänglichmachung auf dem Gerät selbst. Das ist der sog. „in situ"-Zugang. Das ist für Verbraucherinnen und Verbraucher ein in der Regel sinnvolles und ausreichendes Instrument. Unnötige Datentransfers über Server werden überflüssig gemacht, die Daten sind gleich auf dem Gerät einsehbar, soweit eine Benutzeroberfläche vorhanden ist. Das ist insbesondere dann von Relevanz, wenn Daten schlicht abgelesen werden sollen, was für Verbraucherinnen und Verbraucher häufig der Fall sein wird.

Bei einem in situ-Zugang wird der Nutzer nicht in die Lage versetzt, seinerseits mit den Daten zu arbeiten oder über diese zu verfügen. Der Nutzer bleibt auf eine passive Empfängerrolle beschränkt. Zugleich behält der Dateninhaber die Kontrolle darüber, wie auf die Daten zugegriffen,

140 *Drexl et. al.*, Position Statement of the Max Planck Institute for Innovation and Competition of 25 May 2022 on the Commission's Proposal of 23 February 2022 for a Regulation on harmonised rules on fair access to and use of data (Data Act), 2022, Rn. 65; DIHK, Stellungnahme zum Vorschlag für eine Verordnung über harmonisierte Vorschriften für einen fairen Datenzugang und eine faire Datennutzung (Datengesetz), 2022, S. 8. Siehe schon *Podszun/Pfeifer*, GRUR 2022, 953, 957.

wie diese genutzt, weiterverarbeitet und weitergegeben werden können.[141] Möglicherweise wird das Nutzungsverhalten des Nutzers erneut registriert, sodass eine weitergehende Kontrolle durch den Dateninhaber möglich ist.

Wenn Daten und möglicherweise daraus gezogene Schlüsse hinterfragt werden sollen oder wenn die Daten weiterverwendet und verarbeitet werden müssen, genügt der in situ-Zugang nicht. Zu diesem Zweck ist eine Herausgabe der Daten erforderlich – regelmäßig in Form eines Transfers auf einen anderen Datenträger.[142] Dies ist insbesondere für Folgenutzungen bei Angeboten auf nachgelagerten Märkten relevant.[143]

Der Data Act gibt in der derzeitigen Form lediglich Hinweise, dass ein solcher Zugriff auf die Daten, d.h. insbesondere das Abspeichern auf einem anderen Datenträger, ermöglicht werden soll. Dies lässt sich z.B. aus den Erwägungsgründen schließen, wenn eine umfassende Nutzung von Daten insbesondere auch auf nachgelagerten Märkten als Ziel angegeben wird.[144] Das dürfte in aller Regel eine Speicherung und Weiterverarbeitung der Daten auch außerhalb des Gerätes erfordern. In Art. 4 Abs. 1 Data Act-E heißt es zudem, dass – soweit der Nutzer nicht direkt auf die Daten zugreifen kann – der Dateninhaber dem Nutzer die Daten „zur Verfügung“ stellen muss. Die Verfügungsmöglichkeit über Daten schließt deren weitere Verwendung auf anderen Datenträgern ein. Eine Weitergabemöglichkeit für Nutzer an Dritte ist auch nach Erwägungsgrund 28 vorgesehen. Ein Vertrag mit dem Dateninhaber ist für den Datenempfänger nur nötig, wenn der unmittelbare Zugriff (sei es über eine offene Schnittstelle oder über die Datenweitergabe durch Verbraucher) nicht funktioniert.

Für die Datenfreigabe an Dritte nach Art. 5 Abs. 1 Data Act-E wird es in vielen Fällen nicht genügen, wenn der Datenempfänger die Daten nur auf dem Gerät einsehen kann. Wenn also in den Fällen des Art. 4 Abs. 1 und Art. 5 Abs. 1 Data Act-E die Zurverfügungstellung geschuldet ist, kann

141 *Kerber*, Governance of IoT Data: Why the EU Data Act will not Fulfill Its Objectives, 2022, S. 9. Vgl. Auch *Podszun/Pfeifer*, GRUR 2022, 953, 956.

142 Vgl. *Specht-Riemenschneider*, MMR 2022, 809, 816; *Drexl et. al.*, Position Statement of the Max Planck Institute for Innovation and Competition of 25 May 2022 on the Commission's Proposal of 23 February 2022 for a Regulation on harmonised rules on fair access to and use of data (Data Act), 2022, Rn. 66; DIHK, Stellungnahme zum Vorschlag für eine Verordnung über harmonisierte Vorschriften für einen fairen Datenzugang und eine faire Datennutzung (Datengesetz), 2022, S. 8.

143 Vgl. *Podszun/Pfeifer*, GRUR 2022, 953, 957.

144 Data Act-E – Begründung, S. 16.

für den unmittelbaren Zugang des Nutzers nach Art. 3 Abs. 1 Data Act-E nichts anderes gelten. Mit anderen Worten sind diese Vorschriften richtigerweise so zu lesen, dass dem Nutzer stets neben dem Zugang zu den Daten auch deren Übertragung und Weiterverarbeitung auf anderen Geräten möglich sein muss. Werden die Daten nicht unmittelbar transferiert, muss eine Schnittstelle zum Abruf der Daten geschaffen werden.[145]

(13) Empfohlen wird klarzustellen, dass der in-situ-Zugang zu Daten ohne Möglichkeit des Datentransfers den Anforderungen des Data Acts nicht genügt, insbesondere für Dritte.

c) Access by design

Dass der Datenzugang schon „by design" gewährt werden muss, ist eine besondere Stärke des Data Act-E (Art. 3 Abs. 1 Data Act-E). „Access by design" ist als Grundfall der Datenzugangsgewährung vorgesehen. Das ergibt sich aus der systematischen Stellung in Art. 3 Abs. 1 Data Act-E und aus Art. 4 Abs. 1 Data Act-E. Auch in den Erwägungsgründen wird betont, dass die Produkte so konzipiert und hergestellt werden sollen, dass die Daten für den Nutzer stets leicht zugänglich sind.[146] Das Produkt muss also schon von Anfang an so angelegt sein, dass Datenzugang automatisch mitgedacht wird. Das ist ein erheblicher Fortschritt, weil dadurch die „Black Box" des Geräts etwas geöffnet wird.

Dieser Ansatz ist jedoch im vorliegenden Verordnungsentwurf nicht konsequent ausgestaltet worden. Insbesondere wird das Grundprinzip durch die Einschränkung „soweit relevant und angemessen" mit erheblichen Fragezeichen versehen.[147] Wann unmittelbarer Datenzugang by design irrelevant und unangemessen ist, wird nicht näher dargelegt. Ein Mangel an Relevanz wird sich in der Datenökonomie kaum begründen

---

145 So auch *Specht-Riemenschneider*, MMR 2022, 809, 818. Vgl. auch *Drexl et. al.*, Position Statement of the Max Planck Institute for Innovation and Competition of 25 May 2022 on the Commission's Proposal of 23 February 2022 for a Regulation on harmonised rules on fair access to and use of data (Data Act), 2022, Rn. 66.

146 Erwägungsgrund 19 Data Act-E.

147 *Drexl et. al.*, Position Statement of the Max Planck Institute for Innovation and Competition of 25 May 2022 on the Commission's Proposal of 23 February 2022 for a Regulation on harmonised rules on fair access to and use of data (Data Act), 2022, Rn. 73.

lassen, da es nicht vorhersagbar ist, wofür Daten gebraucht werden können. Das dehnbare Wort „angemessen“ müsste näher bestimmt werden. Zu denken wäre etwa an die Zumutbarkeit einer Datenanzeige bei Kleinstgeräten. Andernfalls droht, dass das wegweisende Prinzip „access by design“ durch Einwände der Dateninhaber ausgehöhlt wird. Nur wenn „access by design“ als zwingende Regel ausgestaltet ist, wird sich dieses hilfreiche Konzept auch durchsetzen. Ausnahmen sind auf wenige Fälle zu beschränken, die in der Verordnung auch aufgezählt werden sollten. Diese Ausnahmen könnten für die Fälle gelten, dass access by design tatsächlich unmöglich oder offensichtlich unverhältnismäßig ist.

(14) Empfohlen wird, das Konzept „access by design“ zum Regelfall mit enumerativ aufgezählten Ausnahmetatbeständen zu erklären und einen Anspruch darauf vorzusehen.

4. Rolle von virtuellen Assistenten

Eine besondere Schwierigkeit stellt die Einbeziehung von virtuellen Assistenten dar. Wird ein Gerät über ein anderes Gerät gesteuert, das wiederum mit anderen Geräten vernetzt ist, entsteht möglicherweise eine Kaskade an Datenweiterleitungen und notwendigen Verträgen. So könnte beispielsweise ein Roboter innerhalb einer Maschinenanlage tätig werden, die in eine Smart Factory eingebunden ist, die durch eine Steuerungsanlage gesteuert wird. Auf allen Stufen kommt es zu Datensammlungen und -vernetzungen. Will ein Elektriker den Roboter reparieren, könnte es sein, dass die erforderlichen Daten über mehrere Stufen hinweg angefordert werden müssen. Je nach Konstellation können dabei verschiedene Nutzer oder Dateninhaber involviert sein. Auch auf Datenempfängerseite können mehrere Subunternehmer tätig sein. Es ist denkbar, dass eine unübersichtliche Vertragskaskade mit mehreren Behinderungsmöglichkeiten entsteht. Die gleiche Situation entsteht bei privaten Verbrauchern, etwa wenn Geräte nicht direkt bedient werden, sondern über ein Smart Home-Netzwerk, das über ein Smartphone gesteuert wird. Dabei kann sich die Frage stellen, ob ein Dritter Daten von mehreren Geräten benötigt und wer jeweils Ansprechpartner für welche Daten ist. Das kann die Zugangssituation verkomplizieren. Diese Situation stellt sich insbesondere bei virtuellen Assistenten (Art. 2 Nr. 4 Data Act-E), die gem. Art. 7 Abs. 2 Data Act-E ausdrücklich in die Datenteilungspflicht einbezogen sind, soweit sie zur Produktsteuerung verwendet werden. Abgeholfen werden kann der Vertragskaskade durch die Festlegung eines einheitlichen Zugangspunkts (in der Regel vom Endgerät ausgehend), über den die Daten der gesamten Kette abgerufen werden können. Dies setzt eine Interoperabilität der Geräte voraus und eine Weiterleitungspflicht (ggf. ohne Speichermöglichkeit).

(15) Empfohlen wird eine Regelung, nach der bei Nutzung mehrerer hintereinandergeschalteter Geräte an einem zentralen Zugangspunkt der Zugang zu allen Daten der Kette abgefragt werden kann.

5. Sonderproblem „predictive maintenance“

Für Reparaturdienstleistungen wird erwartet, dass „predictive maintenance“, vorausschauende Wartung, künftig eine größere Rolle spielen wird.[148] Damit ist gemeint, dass der Reparatur- und Wartungsbedarf durch Datenanalyse bereits frühzeitig erkannt wird, sodass der Ausfall von Maschinen oder Anlagen durch vorausschauende Wartung vermieden wird. Mit anderen Worten: Es kommt nicht mehr dazu, dass der Endnutzer einen Handwerker ruft, weil die Heizung nicht mehr funktioniert, sondern die Heizung geht gar nicht kaputt, da schon rechtzeitig zuvor Teile ausgetauscht oder gewartet wurden.

Das Geschäftsfeld der vorausschauenden Wartung ist für Dritte nur zugänglich, wenn die Daten auch durch sie zeitnah gelesen und ausgewertet werden können. Eine Umwälzung bisheriger Marktprozesse kann darin liegen, dass der Kontrolleur des Datennetzwerks künftig zuteilt, wer welche Dienste erbringen darf: Weiß der Dateninhaber frühzeitig, dass eine Reparatur fällig wird, hat er es in der Hand, den Verbraucher darauf hinzuweisen und auch gleich einen von ihm autorisierten und mit Zugang zur Datenbox ausgestatteten Handwerker vorzuschlagen. Die Entscheidung, wer die Reparaturleistung erbringen soll, wäre dann erheblich vorgeprägt oder dem Kunden ganz entzogen. Es versteht sich von selbst, dass dies auch die finanziellen Ströme verändern würde – der Dateninhaber würde eine Provision erhalten (so nicht eigene Tochterunternehmen tätig werden). Handelt es sich um den Hersteller, wird dieser darauf ach-

148 Vgl. *Peiß*, BayernLB Research, Megatrend Digitalisierung, 10.10.2018, S. 1. Statista ermittelte 2019, dass 37 % der befragten Unternehmen (überwiegend Maschinen- und Anlagebau, Automobilindustrie und Elektroindustrie) predictive maintenance nutzen, siehe https://de.statista.com/statistik/daten/studie/1078451/umfrage/nutzung-von-predictive-maintenance-anwendungen-in-deutschland/.

ten, dass nur Originalersatzteile verwendet werden (können). Unabhängige Handwerksbetriebe würden nicht mehr am Markt reüssieren können, günstigere Lösungen (z.B. mit anderen Ersatzteilen) würden verdrängt. Der Wettbewerb auf dem Sekundärmarkt würde geschädigt, der Verbraucher würde – bei aller Bequemlichkeit dieser Lösung – möglicherweise höhere Kosten haben, dies aber kaum merken. Für Handwerker wäre nicht mehr der Endnutzer der maßgebliche Ansprechpartner für den eigenen Erfolg, sondern der Dateninhaber.

Mit dem derzeitigen Entwurf des Data Acts kann dieses Thema zugunsten bestimmter Betriebe aufgelöst werden, wenn der Nutzer schon präventiv entscheidet, welches Unternehmen im Fall, dass vorausschauende Wartung erforderlich wird, beauftragt werden soll. Allerdings setzt dies voraus, dass frühzeitig das Thema predictive maintenance ins Zustimmungsmanagement aufgenommen wird. Dieses sollte, wie oben dargelegt, bestimmten Fairnessanforderungen genügen müssen. Insbesondere dürfte bei Wahl durch den Nutzer keine Provision vom ausgewählten Dritten an den Dateninhaber zu entrichten sein.

Seine Auswahl müsste der Nutzer stets überprüfen und ändern können (und auch regelmäßig müssen). So würde die Auswahlentscheidung weiterhin beim Nutzer liegen. Zugleich müsste auf Seiten des Herstellers des Produkts ein System installiert werden (jedenfalls ab einer bestimmten Mindestgröße des Herstellers), das unabhängigen Dritten den Zutritt zum Geschäft der vorausschauenden Wartung ermöglicht. Das könnte entweder durch eine access-by-design-Lösung gesichert werden, die z.B. bestimmten Datenmittlern die Analyse der Daten ermöglicht, oder durch eine Art Auktionslösung: Die Wartungsleistung könnte so an den für den Verbraucher günstigsten Anbieter abgegeben werden. Im Zusammenspiel der Akteure lassen sich hier noch weitere Lösungen des Problems im Markt entdecken. Entscheidend ist, dass die Serviceleistung der vorausschauenden Wartung nicht vom Hersteller monopolisiert werden kann. Das würde die jahrzehntelangen Bemühungen um ein Offenhalten der Sekundärmärkte mit einem Mal konterkarieren.

(16) Empfohlen wird, eine gesonderte Regelung für vorausschauende Wartung zu schaffen. Diese sollte darauf gerichtet sein, dass Nutzer explizit der vorausschauenden Wartung zustimmen müssen und auswählen können, wer als Leistungserbringer eingeschaltet wird. Diese Auswahl muss der Kunde jederzeit neu justieren können (und regelmäßig neu justieren müssen).

III. Bedingungen des Datenzugangs

Wenn es keine offene Schnittstelle gibt, über die Daten abrufbar sind, müssen Dateninhaber und Datenempfänger die Bedingungen des Datenzugangs einschließlich der Vergütung vereinbaren. Dass der Dateninhaber Zugang gewähren muss, wenn der Nutzer diesem zustimmt, ist allerdings nicht verhandelbar. Für das Funktionieren der Sekundärmärkte ist es unerlässlich, dass der Zugang einfach umgesetzt wird und die Bedingungen nicht prohibitiv sind. Hier lässt der Data Act in seiner derzeitigen Form den Datenkontrolleuren noch Spielraum.

Wo sich Dateninhaber und Interessenten bislang nicht freiwillig auf Bedingungen für einen Datenzugang einigen konnten, ist es unwahrscheinlich, dass die Vertragsverhandlungen reibungslos laufen. Das ist insbesondere der Fall, wenn erhebliche Machtungleichgewichte zwischen den Parteien bestehen. Als unterlegene Verhandlungspartei wird im Regelfall der Zugangspetent anzusehen sein. Strukturelle Ungleichgewichte müssen jedoch ausgeglichen werden. Dies leistet für den Vertrag zwischen Dateninhaber und -empfänger der Data Act-E in Art. 5-12. In Art. 13 Data Act-E sind zudem Klauselverbote für Verträge mit Kleinstunternehmen, kleinen oder mittleren Unternehmen vorgegeben. Thematisiert werden im Folgenden die Gegenleistungspflicht (1.), die Nutzungsbedingungen (2.) und insbesondere die Konkurrenzklausel (3.).

1. Gegenleistung

Der Verhandlungsweg ist insbesondere für die Bestimmung der Gegenleistung relevant. Auch hier macht Art. 9 Abs. 1 Data Act-E lediglich die Vorgabe, dass diese angemessen sein muss. Die Gegenleistung bei Daten ist ein besonderes Problem, da diese einerseits einen hohen kommerziellen Wert haben können, andererseits die Kosten der Erhebung und Übertragung relativ gering sind. Die Nicht-Rivalität von Daten und ihre einfache Weitergabe erschweren es, mit dem knappheitsorientierten Preismechanismus zu arbeiten. Eine künstliche Verknappung durch die Schaffung von Dateneigentumsrechten wäre die falsche Konsequenz. Stattdessen muss der Mechanismus der Gegenleistung auf den Prüfstand gestellt werden.[149]

---

149 So auch *Ducuing/Schirru* in: Ducuing/Margoni/Schirru, White Paper on the Data Act Proposal, CITIP Working Paper Series, 2022, S. 36.

a) Hinterlegungslösung zur Vermeidung von Verzögerungen

Die Flexibilität des Begriffs „angemessen“ und die weitergehende Forderung nach FRAND-Bedingungen (dazu sogleich) eröffnet viel Verhandlungspotential und damit Verzögerungspotential bei der Gewährung von Datenzugang.[150] Das kann das Tätigwerden auf Sekundärmärkten erschweren. Ein Verbraucher, der eine rasche Handwerkerleistung benötigt, wird nicht warten wollen, bis das Handwerksunternehmen seiner Wahl mit dem Dateninhaber ausgefochten hat, zu welcher Vergütung Datenzugang erteilt wird. Dieses Problem lässt sich lösen, indem sofortiger Zugang gegen Hinterlegung einer Gegenleistung gewährt wird. An die Stelle der Hinterlegung könnten auch Kredit- oder Clearingsysteme treten, die beispielsweise von Verbänden, Kammern oder Datenmittlern bereitgestellt werden. Wesentlich ist gerade für Lösungen auf dem Sekundärmarkt, z.B. für Reparaturen, dass der Zugangspetent unmittelbar zugreifen kann, ohne dass erst Details der Zahlung geklärt werden müssten.

(17) Empfohlen wird, standardmäßig den sofortigen Zugang zu gewähren. Die berechtigten Interessen des Dateninhabers an einer Vergütung – soweit eine solche überhaupt erforderlich ist – sollten durch eine Hinterlegungslösung oder ähnliche Modelle gesichert werden.

b) Vergleichsverträge als Bezugsgröße

Der Dateninhaber muss nach Art. 9 Abs. 4 Data Act-E Informationen zur Verfügung stellen, anhand derer der Datenempfänger überprüfen kann, ob die Gegenleistung angemessen ist. Schon die Kosten der Bereitstellung dürften regelmäßig strittig sein (siehe im nächsten Punkt). Da die Gegenleistung nach Art. 9 Abs. 1 Data Act-E zudem eine Gewinnmarge umfassen darf, dürfte es schwierig werden, die Angemessenheit objektiv nachzuprüfen.[151] Als Indiz für die Angemessenheit ließe sich zumindest der Vergleich mit anderen Zugangsverträgen heranziehen, die freiwillig oder

---

150 Vgl. auch *Habich*, IIC 2022, 1343, 1350 ff.

151 Vgl. *Graef/Husovec*, Seven Things to Improve in the Data Act, 2022, S. 3 f. Zu möglichen Lösungsansätzen siehe *Picht*, Caught in the Acts – Framing Mandatory Data Access Transactions under the Data Act, further EU Digital Regulation Acts, and Competition Law, 2022, S. 32 f.

mit Blick auf den Data Act geschlossen wurden. Ergibt sich daraus, dass im konkreten Fall jedenfalls keine diskriminierend hohe Gegenleistung verlangt wird, kann dies ein erstes Indiz für die Angemessenheit sein, insbesondere wenn Vergleichsverträge vorliegen, die mit Vertragspartnern „auf Augenhöhe“ geschlossen wurden. Dazu müssten die Vergleichsverträge als Bezugsgröße aber zugänglich sein. Eine Veröffentlichung wird wegen geschäftlicher Interessen regelmäßig nicht in Frage kommen. Denkbar wäre aber die Hinterlegung bei einer offiziellen Stelle, die die Verträge vertraulich behandelt. So könnte gefordert werden, dass alle bisherigen Datenzugangsverträge eines Unternehmens gegenüber der Europäischen Kommission oder einem anerkannten Datenmittler oder einer Körperschaft offengelegt werden. Sie könnten auf Verlangen von Schiedsstellen oder Gerichten eingesehen werden. So ließe sich schneller als bei der Durchsetzung von schwierigen Auskunftsansprüchen erfassen, ob eine Diskriminierung vorliegt und die Angemessenheit im Vergleich zu anderen Zugangspetenten gewahrt ist.

Eine Pflicht zur Offenlegung von Verträgen oder zum Angebot von einheitlichen Nutzungsbedingungen („Tarifen“) könnte an die Bedeutung des Dateninhabers für die Märkte geknüpft werden. Besonders wichtige Dateninhaber könnten verpflichtet werden, Musterverträge offenzulegen oder Musterbedingungen auszuarbeiten, diese von der Kommission oder einer anderen Instanz prüfen zu lassen und sodann in nicht-diskriminierender Weise Daten zu diesen Bedingungen für alle Nachfrager (ggf. mit Ausnahme von Gatekeepern i.S.d. DMA) bereitzustellen. Das würde das Streitpotential mit diesen Dateninhabern minimieren und für häufig auftretende Situationen Rechtssicherheit garantieren.

Vergleichbar wäre dieses Vorgehen mit der Inpflichtnahme von Gatekeepern im DMA. Welche Unternehmen einem solchen Spezialarrangement unterworfen werden sollten, ist offen. In Betracht kämen beispielsweise Unternehmen, die als Gatekeeper nach dem DMA benannt worden sind, oder Unternehmen, die eine besonders hohe Zahl von smarten Geräten in den Markt bringen, oder Unternehmen, die marktbeherrschend sind oder an zentralen Stellen marktübergreifende Bedeutung erlangt haben, weil ihr Datenzugang für eine Vielzahl von Anwendungen wichtig ist. Es könnte beispielsweise vorgesehen werden, dass die Nominierung eines Unternehmens durch eine besonders hohe Zahl von Nachfragern bei der Kommission eine solche Musterbedingungspflicht auslösen könnte. Dieses Modell würde Transparenz schaffen, denjenigen, die Datenzugang begehren, einen entsprechenden Anker geben, und Rechtsstreitigkeiten abwenden.

(18) Empfohlen wird, dass Vertragsabschlüsse über Zugang bei einer offiziellen Stelle hinterlegt werden müssen, damit Nichtdiskriminierung und Angemessenheit im Einzelfall überprüft werden können. Für bedeutende Unternehmen könnte auch eine Veröffentlichungspflicht von „Tarifen" und Bedingungen vorgesehen werden.

c) Kostenerstattungsanspruch bei KMU

Ist der Datenempfänger ein KMU, darf nach Art. 9 Abs. 2 Data Act-E die Gegenleistung nicht die Kosten übersteigen, die mit der Bereitstellung der Daten unmittelbar zusammenhängen und dem Verlangen zuzurechnen sind. Welche Kosten konkret erfasst sind, ist im Data Act nicht näher definiert. Die Kosten sollten regelmäßig sehr gering ausfallen, da eine Datenübertragung kaum Kosten verursacht.

Unklarheiten bestehen jedoch noch darüber, ob außer den Kosten für die Datenübertragung noch weitere Kosten geltend gemacht werden können, z.B. Kosten für die Datenaussonderung und Bereitstellung, die Bereinigung um Geschäftsgeheimnisse oder für die Datenpflege. Nach Erwägungsgrund 45 gehören zu den Kosten der Bereitstellung die Kosten für die Reproduktion, die elektronische Verbreitung und Speicherung von Daten, nicht aber die Kosten der Datensammlung oder -produktion. Zudem sei zu berücksichtigen, dass der Dateninhaber die erforderlichen technischen Schnittstellen oder die erforderliche Software und Netzanbindung dauerhaft einrichten muss. Daraus ergibt sich, dass auch die Kosten für die Konzeption des Zugangs- und Übertragungsmechanismus erfasst sein können. Allerdings verlangt der Wortlaut eine Beschränkung auf Kosten, die *unmittelbar* mit der Bereitstellung verknüpft sind. Zudem dürfen nur solche Kosten berücksichtigt werden, die dem Datenempfänger zuzurechnen sind. Ein Dateninhaber, der ohnehin Daten sammelt und diese gelegentlich transferiert, kann also dem KMU nicht die Kosten seiner Dateninfrastruktur aufbürden. Das Kriterium der Zurechnung soll auch verhindern, dass der Dateninhaber seinen Aufwand mehrfach erstattet bekommt. Im Ergebnis wird der Kostenerstattungsanspruch bei KMU für den Dateninhaber wenig einbringen und kommerziell uninteressant sein, jedenfalls wenn dieser nur die unmittelbar dem individuellen Empfänger zuzurechnenden Kosten umfasst.

Das wirft erst recht die Frage auf, ob überhaupt eine Kompensation des Dateninhabers erforderlich ist.[152] Möglicherweise ist ein gänzlicher Verzicht auf die Erstattung oder eine pauschale Erstattung in Höhe weniger Euros zielführender als die konkrete Berechnung im Einzelfall. Der Anreiz zur Datensammlung dürfte sich für den Dateninhaber bereits selbst ergeben, sie wird jedenfalls auch nicht durch die geringen Einnahmeaussichten durch die Kompensation inzentiviert. Die Übertragung an Dritte mag den Dateninhaber aus wettbewerblichen Gründen schmerzen, sie ist jedoch im Data Act vorgesehen. Eine Anreizminderung zur Datensammlung geht davon eher nicht aus. Zugleich bietet die Kostenberechnung ein unverhältnismäßig hohes Störpotenzial. Werden hier prohibitiv hohe Kosten angesetzt, müsste regelmäßig erst entschieden werden, welche Kostenpunkte in welcher Höhe berücksichtigungsfähig sind. Das kann Zugangsansprüche erschweren und verzögern.

Darüber hinaus ist nicht nachvollziehbar, wieso der Nutzer selbst die Daten kostenlos erhalten kann (Art. 3, 4 Data Act-E), ein dritter Datenempfänger dafür jedoch an den Dateninhaber zahlen muss (Art. 8, 9 Data Act-E). Ob der Nutzer die Daten selbst weiterverwerten kann, oder ob dafür – der arbeitsteiligen Gesellschaft entsprechend – ein externer Dritter eingeschaltet wird, hat nichts mit der Frage zu tun, ob der Dateninhaber eine Gegenleistung verdient hat.[153] Wenn dem Data Act die Wertung zugrunde liegt, dass dem Nutzer die Potenziale der Nutzungsdaten zugewiesen werden sollen, ist nicht ersichtlich, wieso der Dateninhaber überhaupt berechtigt sein sollte, eine Gegenleistung zu erhalten, die über etwaige Kosten einer Datenübermittlung hinausgehen. Aus diesen Gründen sollte das System der Gegenleistung, zumindest für KMU, überdacht werden.

(19) Empfohlen wird, die Gegenleistungspflicht bei KMU grundsätzlich zu überprüfen. Soll an einer Gegenleistung festgehalten werden, könnte eine geringe pauschale Vergütung sachgerechter sein als die Auswertung der Kosten im Einzelfall.

---

152 Vgl. *Drexl et. al.*, Position Statement of the Max Planck Institute for Innovation and Competition of 25 May 2022 on the Commission's Proposal of 23 February 2022 for a Regulation on harmonised rules on fair access to and use of data (Data Act), 2022, Rn. 72; *Specht-Riemenschneider*, MMR 2022, 809, 823 f.

153 *Drexl et. al.*, Position Statement of the Max Planck Institute for Innovation and Competition of 25 May 2022 on the Commission's Proposal of 23 February 2022 for a Regulation on harmonised rules on fair access to and use of data (Data Act), 2022, Rn. 72.

2. Nutzungsbedingungen

Der Zugang muss zu fairen, angemessenen und nichtdiskriminierenden Bedingungen (sog. FRAND-Bedingungen) gewährt werden. In den FRAND-Verhandlungen, die im Bereich von standardessenziellen Patenten geführt werden, hat sich der Zeitfaktor als wesentliches Problem herausgestellt.[154] Selbst wenn eine Partei einen grundsätzlichen Zugangsanspruch hat, könnte ein Dateninhaber bis zur tatsächlichen Zugangsgewährung den Dritten in eine längliche vertragliche Verhandlung über Nutzungsbedingungen und Gegenleistung verwickeln. Dann würde der Datenzugangsanspruch ins Leere gehen.[155] Ob das FRAND-System sinnvoll auf die hiesigen Datenzugangsansprüche übertragen werden kann, ist fraglich.[156]

Die Regelungen, die im Data Act bislang vorgesehen sind, treten der Gefahr, dass die Aushandlung von Nutzungsbedingungen zu keinem oder zu unfairen Ergebnissen führt, nicht energisch genug entgegen.

Der Dateninhaber ist nach Art. 8 Abs. 3 Data Act-E einem Diskriminierungsverbot unterworfen, welches an das Missbrauchsrecht nach Art. 102 AEUV angelehnt ist.[157]

Aus Art. 6 Abs. 2 lit. c Data Act-E lässt sich ableiten, dass eine Bedingung unangemessen ist, die dem Datenempfänger verbietet, die Daten – im Einklang mit dem Willen des Nutzers und nur zur Erbringung eines bestimmten Dienstes – einem Dritten bereitzustellen.

Im Übrigen werden keine Vorgaben hinsichtlich der Bedingungen gemacht mit Ausnahme der Sonderregel in Art. 13 Data Act-E. Diese Vor-

---

154 *Picht*, Caught in the Acts – Framing Mandatory Data Access Transactions under the Data Act, further EU Digital Regulation Acts, and Competition Law, 2022, S. 27.

155 Vgl. *Drexl et. al.*, Position Statement of the Max Planck Institute for Innovation and Competition of 25 May 2022 on the Commission's Proposal of 23 February 2022 for a Regulation on harmonised rules on fair access to and use of data (Data Act), 2022, Rn. 84.

156 Vgl. *Schweitzer/Metzger et al.*, Data access and sharing in Germany and in the EU: Towards a coherent legal framework for the emerging data economy, Final Report, 8 July 2022 (Gutachten für das Bundesministerium für Wirtschaft und Klimaschutz), S. 224 ff.

157 *Picht*, Caught in the Acts – Framing Mandatory Data Access Transactions under the Data Act, further EU Digital Regulation Acts, and Competition Law, 2022, S. 21.

schrift ist zu begrüßen.[158] Die Kommission sieht hier eine zwingende, spezifische AGB-Kontrolle vor, die die Verhandlungsgleichgewichte berücksichtigt. An dieser Vorschrift sollte festgehalten werden.

Erwogen werden sollten jedoch drei Ergänzungen:

Erstens sollte eine Sanktion vorgesehen werden, wenn ein Dateninhaber bei Aushandlung der Bedingungen eine Verzögerungstaktik einsetzt, sodass der Datenzugangsanspruch ökonomisch entwertet wird.

Zweitens sollte eine Ausweitung der Regeln in Art. 13 Data Act-E erwogen werden.[159] So könnte beispielsweise untersagt werden, dass an die Datenempfänger bestimmte quantitative oder qualitative Erwartungen gerichtet werden (z.B. dass im Rahmen einer gewissen Laufzeit der Datenzugangsvereinbarung ein bestimmter Umsatz nachgewiesen werden muss). Solche Erwartungen zu erfüllen, würde Kleinstunternehmen besonders schwerfallen. Für weitere Fälle von Missbräuchen gibt es zwar eine Generalklausel in Art. 13 Abs. 2 Data Act-E. Der Nachweis, dass ein Verstoß gegen die Generalklausel vorliegt, ist aber schwierig. Daher könnte eine Befugnis der Europäischen Kommission vorgesehen werden, diese Liste in erleichterter Form zu erweitern. Es bietet sich das Verfahren des delegierten Rechtsakts an, das in Art. 38 Data Act-E bereits für andere Fälle vorgesehen ist.

Drittens ist sicherzustellen, dass die Klauselkontrolle nach Art. 13 Data Act-E keine höheren Voraussetzungen hat als im B2C-Verhältnis. Nach Art. 13 Abs. 5 Data Act-E ist eine Klausel nur dann als einseitig auferlegt anzusehen, „wenn sie von einer Vertragspartei eingebracht wird und die andere Vertragspartei ihren Inhalt trotz des Versuchs, hierüber zu verhandeln, nicht beeinflussen kann". KMU werden durch Art. 13 Data Act-E also nur geschützt, wenn sie auch versucht haben, über den Inhalt einer Klausel zu verhandeln.[160] Anders im B2C-Bereich: Nach Art. 3 Abs. 2 RL 93/13/EWG genügt es, wenn der Verbraucher auf den Inhalt der Klausel keinen Einfluss nehmen konnte, es ist nicht erforderlich,

---

158 *Drexl et. al.*, Position Statement of the Max Planck Institute for Innovation and Competition of 25 May 2022 on the Commission's Proposal of 23 February 2022 for a Regulation on harmonised rules on fair access to and use of data (Data Act), 2022, Rn. 120.

159 So auch ZDH, Bewertung des Kommissionsvorschlags für ein Europäisches Datengesetz KOM(2022) 68 final, 2022, S. 5.

160 *Witzel*, CR 2022, 561, 563; *Drexl et. al.*, Position Statement of the Max Planck Institute for Innovation and Competition of 25 May 2022 on the Commission's Proposal of 23 February 2022 for a Regulation on harmonised rules on fair access to and use of data (Data Act), 2022, Rn. 120.

dass er einen Verhandlungsversuch unternommen hat. Diese Ungleichbehandlung erscheint nicht angemessen.[161] Insbesondere mit Blick auf kleinere Handwerksbetriebe mit ggf. wenigen Mitarbeitenden kann nicht erwartet werden, dass die unterlegene Partei einen offensichtlich aussichtslosen Versuch unternimmt, auf den Inhalt der Klausel Einfluss zu nehmen. Vielmehr sollten diese Unternehmen auch dann geschützt werden, wenn sie die Klausel einfach widerspruchslos hinnehmen, nicht zuletzt, weil sie keine ausreichenden juristischen Kenntnisse haben. Außerdem würde dies eine Klauselkontrolle in allen Fällen ausschließen, in denen die Vertragsbedingungen mit einem einfachen Klick auf „Akzeptieren“ vereinbart werden.[162]

(20) Empfohlen wird, für Extremfälle der Verzögerung oder der Abschlussverweigerung eine Sanktion vorzusehen, insbesondere wenn es sich dabei um eine systematische unternehmerische Strategie handelt. Die Liste der verbotenen Klauseln in Art. 13 Data Act-E sollte überprüft und ggf. ergänzt werden. Empfohlen wird zudem, der Europäischen Kommission die Möglichkeit einzuräumen, die Liste der Beispiele in Art. 13 Abs. 3 und 4 Data Act-E durch delegierten Rechtsakt zu erweitern. Die Formulierung in Art. 13 Abs. 5 Data Act-E sollte an die des Art. 3 Abs. 2 RL 93/13/EWG angepasst werden.

3. Konkurrenzklausel

Die Konkurrenzklausel in Art. 4 Abs. 4 und Art. 6 Abs. 2 lit. e Data Act-E schützt den Dateninhaber davor, dass die Daten genutzt werden, um ein Produkt zu entwickeln, „das mit dem Produkt, von dem die Daten stammen, im Wettbewerb steht“.

Zunächst ist die Legitimation dieser Konkurrenzschutzklausel fraglich: Da der Dateninhaber, wie mehrfach betont, keinen besseren Anspruch auf die Daten hat als jeder Dritte, ist fraglich, auf welcher Grundlage sich

161 So auch *Drexl et. al.*, Position Statement of the Max Planck Institute for Innovation and Competition of 25 May 2022 on the Commission’s Proposal of 23 February 2022 for a Regulation on harmonised rules on fair access to and use of data (Data Act), 2022, Rn. 123 f.

162 *Witzel*, CR 2022, 561, 563; *Drexl et. al.*, Position Statement of the Max Planck Institute for Innovation and Competition of 25 May 2022 on the Commission’s Proposal of 23 February 2022 for a Regulation on harmonised rules on fair access to and use of data (Data Act), 2022, Rn. 123.

ein derartiger Schutz ergeben soll. Allerdings ist einzuräumen, dass ohne eine Konkurrenzklausel der Anreiz geringer wäre, Daten zu sammeln und eine Datenteilung überhaupt zu ermöglichen. Insofern mag eine Konkurrenzklausel erwogen werden. Bemerkenswert bleibt jedoch, dass in der Datenzugangsregelung in § 20 Abs. 1a GWB eine solche Konkurrenzklausel weder im Gesetz, noch in der ausführlichen Gesetzesbegründung aufgenommen wurde.[163] Ob die positiven Wirkungen einer Konkurrenzklausel (Anreizsetzung für die Datensammlung) die negativen Wirkungen (fehlender Wettbewerb) überwiegen, lässt sich kaum ermessen. Teilweise wird vor diesem Hintergrund die Konkurrenzklausel in Frage gestellt.[164] Fraglich ist auch, ob anhand der herauszugebenden Daten wirklich relevante Rückschlüsse auf das Produkt im Wege eines „reverse engineering" gezogen werden können.[165]

Selbst wenn man den Schutz vor Wettbewerb für das Ausgangsprodukt akzeptieren mag, ergeben sich erhebliche Abgrenzungsschwierigkeiten und Umsetzungsprobleme.[166] Zunächst besteht die Gefahr, dass jedes Unternehmen, das von Datenzugang profitiert hat, bei künftigen Produktentwicklungen nachweisen muss, dass das Produkt ohne Zuhilfenahme der Daten entwickelt wurde. Die Inanspruchnahme der Daten könnte sich so als Fluch für die eigene künftige Forschung erweisen.[167] Das gilt insbesondere, wenn die Daten in Kooperationen eingebracht werden und mit weiteren Partnern geteilt werden. Es ist nicht kontrollierbar und einer dynamischen Datenwirtschaft auch nicht angemessen, die so verfügbaren Daten mit einem Nutzungsverbot für bestimmte Anwendungen zu versehen.

Überdies ist offen, ob die Abgrenzung von Produkten, die miteinander im Wettbewerb stehen, einfach möglich ist.[168] Das ist insbesondere dann

163 Vgl. BT-Drucks. 19/23492, S. 80 f.

164 *Leistner/Antoine*, IPR and the use of open data and data sharing initiatives by public and private actors, 2022, S. 15.

165 *Schweitzer/Metzger et al.*, Data access and sharing in Germany and in the EU: Towards a coherent legal framework for the emerging data economy, Final Report, 8 July 2022 (Gutachten für das Bundesministerium für Wirtschaft und Klimaschutz), S. 212.

166 *Graef/Husovec*, Seven Things to Improve in the Data Act, 2022, S. 2; DIHK, Stellungnahme zum Vorschlag für eine Verordnung über harmonisierte Vorschriften für einen fairen Datenzugang und eine faire Datennutzung (Datengesetz), 2022, S. 7.

167 Vgl. *Graef/Husovec*, Seven Things to Improve in the Data Act, 2022, S. 2.

168 *Leistner/Antoine*, IPR and the use of open data and data sharing initiatives by public and private actors, 2022, S. 15.

zweifelhaft, wenn die Innovation gerade darin besteht, das Erstprodukt fortzuentwickeln oder die Leistung des Erstprodukts in einen größeren Kontext integriert wird. Werden beispielsweise die Daten eines Roboters genutzt, der eine Tätigkeit x ausüben kann, ist dann die Entwicklung eines Roboters, der x, aber auch Tätigkeit y ausüben kann, mit dem Makel behaftet, dass der ursprüngliche Dateninhaber gefragt werden muss? Und was ist, wenn der Roboter eine Tätigkeit z verrichten kann, die x und y überflüssig macht oder integriert? Die zunächst sinnvoll scheinende Konkurrenzklausel kann bei näherer Betrachtung zu einem Hemmschuh der datengetriebenen Innovation werden, solange die Daten nicht frei genutzt und weitergegeben können und unklar ist, welche Leistungen substituierbar sind. Sie sollte grundsätzlich überdacht werden.

Im Sinne des Schutzes der Innovation auf dem Sekundärmarkt ist aber jedenfalls festzuhalten, dass Weiterentwicklungen des Ausgangsprodukts möglich sind. Der Maßstab für „Weiterentwicklung" sollte dabei nicht strenger sein als der des Europäischen Gerichts im Fall *Microsoft* für die technische Entwicklung.[169] Nicht legitim ist ein Schutz des Dateninhabers vor Wettbewerb auf dem Sekundärmarkt.[170] Konkurrenzprodukte für den Sekundärmarkt können über die Konkurrenzklausel nicht verboten werden, dies sollte klargestellt werden.

(21) Empfohlen wird, die Notwendigkeit der Konkurrenzklausel neu zu bewerten. Klargestellt werden sollte, dass Weiterentwicklungen des Ausgangsprodukts und Konkurrenzprodukte für den nachgelagerten Markt jedenfalls nicht von der Konkurrenzklausel erfasst sind.

IV. Verhältnis zu anderen Rechtsgebieten

Der Data Act-E verhält sich gegenüber anderen Rechtsvorschriften der Union defensiv. Es stellt sich die Frage, ob der Datenzugangsanspruch mit dem Schutz von Geschäftsgeheimnissen Immaterialgüterrechten (dazu 1.), mit Datenschutzrechten (dazu 2.) und Kartellrecht (dazu 3.) zusammenpasst. Im begleitenden Dokument wird zwar die Kohärenz mit beste-

169 EuG, 17.9.2007, Rs. T-201/04, ECLI:EU:T:2007:289, Rz. 647 – Microsoft.
170 So auch ZDH, Bewertung des Kommissionsvorschlags für ein Europäisches Datengesetz KOM(2022) 68 final, 2022, S. 4.

henden Rechtsakten betont.[171] Es fällt angesichts der Hypertrophie von Regelungen inzwischen aber immer schwerer zu beurteilen, ob dies nicht bloß ein frommer Wunsch des europäischen Gesetzgebers ist. Wie sich das regulatorische Puzzle im Detail zusammensetzt und ob dies noch ein einheitliches Bild ergibt, ist unklar. Diese Unklarheiten könnten benutzt werden, um legitime Datenzugangsansprüche zu torpedieren.

1. Geschäftsgeheimnisschutz und Immaterialgüterrechte

Unklarheiten bestehen zunächst hinsichtlich des Schutzes von Geschäftsgeheimnissen. Der Verordnungsentwurf knüpft an die Richtlinie (EU) 2016/943 an. Die in Art. 2 Nr. 1 RL (EU) 2016/943 enthaltene Definition von Geschäftsgeheimnissen ist jedoch sehr weit und legt die Entscheidung, ob ein Geschäftsgeheimnis vorliegt, im Wesentlichen in die Hände des Inhabers der Information. Hält dieser eine Information für schützenswert und werden entsprechende Schutzmaßnahmen ergriffen, wird die Information geschützt.[172] Umstritten ist, ob darüber hinaus auch ein berechtigtes Interesse an der Geheimhaltung bestehen muss.[173]

Ob und inwieweit Daten, die den Herausgabepflichten des Data Acts unterliegen, auch Geschäftsgeheimnisse im Sinne der RL (EU) 2016/943 sein können, ist unklar.[174] Regelungen finden sich in Art. 4 Abs. 3, 5 Abs. 8 und 8 Abs. 6 Data Act-E. Dateninhaber könnten behaupten, dass alle Daten, die sie herausgeben müssen, Geschäftsgeheimnisse sind.[175] Das würde sie zwar nicht von der Pflicht befreien, die Daten herauszugeben, sie könnten aber umfassende Schutzmaßnahmen nach Art. 5 Abs. 8 Data Act-E vom Datenempfänger verlangen, was potenziell die Nutzbarkeit beeinträchtigt oder die Vertragsverhandlungen weiter erschwert.[176] Insbe-

---

171 Data Act-E – Begründung, S. 4 f.

172 Siehe dazu *Alexander* in: Köhler/Bornkamm/Feddersen, UWG, 2022, § 2 GeschGehG Rn. 24.

173 Siehe dazu *Hauck* in: MüKo-Lauterkeitsrecht, Band 2, 2022, § 2 GeschGehG Rn. 62 ff.

174 DIHK, Stellungnahme zum Vorschlag für eine Verordnung über harmonisierte Vorschriften für einen fairen Datenzugang und eine faire Datennutzung (Datengesetz), 2022, S. 10.

175 ZDH, Bewertung des Kommissionsvorschlags für ein Europäisches Datengesetz KOM(2022) 68 final, 2022, S. 4.

176 *Drexl et. al.*, Position Statement of the Max Planck Institute for Innovation and Competition of 25 May 2022 on the Commission's Proposal of 23 February

sondere Verbraucher und KMU könnten mit weiteren Vertragswerken über die Geheimhaltung entweder überfordert sein – oder ihnen ohne Kenntnisnahme zustimmen.[177] Die Daten, die in erster Linie vom Data Act erfasst sind, nämlich Nutzungsdaten der Geräte, sollten grundsätzlich außerhalb des Zugriffs der Geschäftsgeheimnisrichtlinie stehen. An ihnen hat der Dateninhaber keinen Anteil, der einen besonderen Schutz zu seinen Gunsten legitimieren würde. Ein Dateninhaber kann Daten, die durch seinen Kunden erst generiert werden, nicht gegen diese zum Gegenstand seiner eigenen Geschäftsgeheimnissphäre machen.

Problematisch bleibt freilich die Nutzung von begleitenden Daten und Informationen, die möglicherweise erforderlich sind, um die Daten überhaupt nutzen zu können. Hier könnte über den Geschäftsgeheimnisschutz oder über Immaterialgüterrechte eine Herausgabe vereitelt werden. Angenommen, die Rohdaten eines Produkts können für eine Zusatzleistung auf dem nachgelagerten Markt nur ausgelesen werden, wenn dazu eine Software des Dateninhabers verwendet wird, dann könnten Informationen zu dieser Software als Geschäftsgeheimnis oder mit Hilfe von Schutzrechten aus Urheberrecht o.ä. geschützt werden. Das würde den Zugang de facto erheblich erschweren oder verteuern. Dem ist entgegenzuwirken, indem entweder Zugang zu diesen Hilfsmitteln gewährt wird und/oder ergänzend die missbräuchliche Geltendmachung solcher Nebendienste sanktioniert wird.

Auf den ersten Blick besteht ein Widerspruch zwischen Art. 5 Abs. 8 Data Act-E und Art. 8 Abs. 6 Data Act-E.[178] In Art. 5 Abs. 8 heißt es, dass Geschäftsgeheimnisse insoweit offengelegt werden, wie dies für den zwischen dem Nutzer und dem Dritten vereinbarten Zweck unbedingt erforderlich ist und alle notwendigen Schutzmaßnahmen gewahrt sind. Eine inhaltlich identische Formulierung findet sich auch in Art. 4 Abs. 3 Data Act-E. Daraus lässt sich ableiten, dass auch Daten, die als Geschäftsgeheimnisse anzusehen sind, im Rahmen des Data Acts herauszugeben sind. Der Zugangsanspruch „trumpft" hier sozusagen den Geschäftsgeheimnisschutz. Auf den ersten Blick widersprüchlich heißt es aber dann in Art. 8 Abs. 6 Data Act-E, dass die Pflicht, einem Datenempfänger Daten

---

2022 for a Regulation on harmonised rules on fair access to and use of data (Data Act), 2022, Rn. 283.

177 Vgl. *Hennemann/Steinrötter*, NJW 2022, 1481, 1484.

178 So auch BDI, Stellungnahme zum Legislativvorschlag des EU-Data Act, 2022, S. 14 und *Demary*, Der Data Act - Welchen Rahmen Unternehmen für Data Sharing wirklich brauchen: Beitrag zum Vorschlag der EU-Kommission, 2022, S. 10, die allerdings einen stärkeren Schutz von Geschäftsgeheimnissen fordern.

bereitzustellen, nicht zur Offenlegung von Geschäftsgeheimnissen i.S.d. Richtlinie (EU) 2016/943 verpflichtet. Im nächsten Halbsatz wird klargestellt, dass das nicht gilt, soweit im Data Act etwas anderes vorgesehen ist, wobei ausdrücklich („einschließlich") auf Art. 6 Data Act-E verwiesen wird. Wieso auf Art. 6 Data Act-E und nicht Art. 4, 5 Data Act-E verwiesen wird, leuchtet nicht ein. Da Art. 6 Data Act-E aber die Pflichten des Datenempfängers in den Fällen des Art. 5 Data Act-E regeln, ist davon auszugehen, dass es sich dabei um ein redaktionelles Versehen handelt.

Welchen Zweck Art. 8 Abs. 6 Data Act-E hat, wird nicht klar. Er hat wohl lediglich deklaratorische Funktion, da ohnehin keine Verpflichtung zur Herausgabe von Geschäftsgeheimnissen an Datenempfänger besteht, solange das nicht im Unionsrecht vorgesehen ist (wie etwa in Art. 5 Abs. 8 Data Act-E). Die Regelung stellt daher wohl lediglich klar, dass die Existenz des Data Act nichts daran ändert, dass die Daten grundsätzlich nach wie vor dem Geschäftsgeheimnisschutz unterliegen.[179] Sie schränkt die Datenzugangsansprüche des Data Acts nicht ein. Das sollte klargestellt werden.[180]

(22) Empfohlen wird eine Klarstellung, dass Daten, die durch den Nutzer generiert werden, keine Geschäftsgeheimnisse sein können. Der Zugang zu Hilfsmitteln, die zur Datenentschlüsselung erforderlich sind, darf vom Dateninhaber nicht unter Berufung auf Geschäftsgeheimnisse oder Immaterialgüterrechte verweigert werden. Empfohlen wird, den Widerspruch in Art. 8 Abs. 6 zu Art. 5 Abs. 8 Data Act-E zugunsten der Formulierung in Art. 5 Abs. 8 aufzulösen.

Soweit der oben geforderten Einführung eines zweckorientierten Zugangsanspruchs gefolgt wird, stellen sich verstärkt Fragen zum Geschäftsgeheimnisschutz. Auch wenn unmittelbare (rohe) Nutzungsdaten nicht als Geschäftsgeheimnisse angesehen werden, kann dies bei derivativen und aggregierten Daten sowie erst Recht bei Software und Tools der Fall sein. Dies steht einem verpflichtenden Zugangsanspruch nicht entgegen. Der Schutz von Geschäftsgeheimnissen verleiht dem Inhaber kein Ausschließ-

179 Dafür spricht auch Erwägungsgrund 62, allerdings bezieht sich dieser originär auf die Herausgabepflichten zugunsten öffentlicher Stellen.

180 So auch *Schweitzer/Metzger et al.*, Data access and sharing in Germany and in the EU: Towards a coherent legal framework for the emerging data economy, Final Report, 8 July 2022 (Gutachten für das Bundesministerium für Wirtschaft und Klimaschutz), S. 233.

lichkeitsrecht, dessen Durchbrechen besonders rechtfertigungsbedürftig ist.[181] Vielmehr geht es schon nach Art. 1 Abs. 1 RL (EU) 2016/943 nur darum, bestimmte unlautere Geheimnistransfers zu unterbinden, z.B. Industriespionage.[182] Dem Gesetzgeber, zumal dem europäischen Gesetzgeber, ist damit unbenommen, den Inhaber von Geschäftsgeheimnissen zur Freigabe dieser Geheimnisse zu verpflichten.

Der Data Act-E sieht eine schonende Verpflichtung zur Freigabe von Geschäftsgeheimnissen vor, da nach Art. 5 Abs. 8 Data Act-E Geschäftsgeheimnisse nur unter Vereinbarung angemessener Schutzmaßnahmen offengelegt werden müssen. Dieser Grundsatz erscheint auch für den Schutz von derivativen und aggregierten Daten sowie Software und Tools angemessen.

2. Datenschutzrecht

Für die Datenschutz-Grundverordnung (VO (EU) 2016/679) (DSGVO) wird in Art. 1 Abs. 3 S. 2 Data Act-E festgestellt, dass der Data Act die darin getroffenen Vorgaben nicht berührt, was bedeuten soll, dass die Vorgaben der DSGVO weiterhin einzuhalten sind (siehe auch 4 Abs. 5 und 6, 5 Abs. 6, 7 und 9 Data Act-E). Das bedeutet, dass Daten, die Rückschlüsse auf natürliche Personen zulassen, nur weitergegeben und verarbeitet werden dürfen, wenn einer der Erlaubnistatbestände des Art. 6 DSGVO erfüllt ist.[183] Es genügt insoweit die Einwilligung des Nutzers (Art. 6 Abs. 1 lit. a DSGVO). Allerdings muss die Einwilligung den Kriterien genügen, die für das Datenschutzrecht etabliert sind, und die in der Praxis häufig nicht eingehalten werden. Gleichzeitig stellt das Datenschutzrecht schon bislang ein Hemmnis für die gemeinsame Datennutzung dar.[184]

Während eine Einwilligung vom Nutzer, der das Gerät erworben hat, regelmäßig noch vorliegen dürfte, ist die Frage, ob dies auch für weitere Nutzer gilt, z.B. Familienangehörige, die das Gerät benutzen, Gäste oder

---

181 Vgl. Erwägungsgrund 16 RL (EU) 2016/943.

182 Vgl. *Alexander* in: Köhler/Bornkamm/Feddersen, UWG, 2022, § 4 GeschGehG Rn. 16.

183 Siehe zum Datenschutzrecht im IoT auch *Krönke*, Öffentliches Digitalwirtschaftsrecht, 2020, S. 236 ff.

184 BDI, Stellungnahme zum Legislativvorschlag des EU-Data Act, 2022, S. 5; DIHK, Stellungnahme zum Vorschlag für eine Verordnung über harmonisierte Vorschriften für einen fairen Datenzugang und eine faire Datennutzung (Datengesetz), 2022, S. 11.

Personen, denen das Gerät überlassen wird.[185] Hier entstehen rechtliche Unsicherheiten.[186] Diese können umgangen werden, wenn durch Profil-Anmeldungen und neue Einwilligungen jeder Nutzer gesondert vom Gerät erfasst wird. Denkbar wäre auch eine Ausdehnung der Einwilligungslösung für den IoT-Bereich als Ergänzung der DSGVO für smarte Geräte bei gelegentlicher Überlassung.[187] Das Zustimmungsmanagement, dessen Orientierung an den DSGVO-Vorgaben oben bereits empfohlen wurde, kann die Probleme ggf. ausräumen.

(23) Empfohlen wird, dass die datenschutzrechtliche Rechtsunsicherheit bei der Nutzung der Geräte durch andere Personen als den ursprünglichen Erwerber aufgelöst wird.

Nur ergänzend ist darauf hinzuweisen, dass die Möglichkeiten in Art. 6 DSGVO zur Berechtigung weiterreichen als gelegentlich suggeriert wird. In Vertragsverhältnissen gibt Art. 6 Abs. 1 lit. b DSGVO die Möglichkeit zur Datenverarbeitung. Wenn eine rechtliche Verpflichtung besteht (etwa im Data Act), kann auch Art. 6 Abs. 1 lit. c DSGVO herangezogen werden. Angesichts der erheblichen Innovationspotentiale einerseits und der eher geringfügigen Bedeutung der Nutzerdaten ist anzunehmen, dass auch die Abwägung der berechtigten Interessen nach Art. 6 Abs. 1 lit. f DSGVO ggf. zugunsten der Datenverarbeitung ausgehen kann. Für anonymisierte Daten, die gerade für Anwendungen genügen werden, die nicht unmittelbar beim Nutzer anknüpfen, ist die DSGVO ohnehin schon nicht anwendbar. Deren „Störpotential" für die Datenteilung nach dem Data Act sollte insoweit nicht überzeichnet werden.

---

185 BDI, Stellungnahme zum Legislativvorschlag des EU-Data Act, 2022, S. 5. Siehe bereits oben.

186 Zu Unklarheiten im Zusammenspiel mit der DSGVO siehe *Graef/Husovec*, Seven Things to Improve in the Data Act, 2022, S. 1; ZDH, Bewertung des Kommissionsvorschlags für ein Europäisches Datengesetz KOM(2022) 68 final, 2022, S. 3; *Spajic/Lalova-Spinks* in: Ducuing/Margoni/Schirru, White Paper on the Data Act Proposal, CITIP Working Paper Series, 2022, S. 30; *Staudenmayer*, EuZW 2022, 1037, 1040.

187 Vgl. auch *Bombard/Merkle*, RDi 2022, 168, 176.

3. Kartellrecht

Kartellrechtliche Bedenken können sich eventuell daraus ergeben, dass im Informationsaustausch zwischen Unternehmen ein Verstoß gegen das Verbot wettbewerbsbeschränkender Vereinbarungen (Art. 101 AEUV) gesehen werden kann.[188] Auch die Kommission geht im Vorschlag zum Data Act davon aus, dass in „der gemeinsamen Nutzung von Daten durch Unternehmen" ein Verstoß gegen Wettbewerbsrecht liegen kann oder eine berechtigte Verweigerung des Zugriffs auf Daten aus Wettbewerbsrecht folgen kann.[189] Zu denken ist etwa an die Konstellation, dass sich Wettbewerber gegenseitig über den Data Act Datenzugangsrechte einräumen und damit wettbewerblich sensitive Informationen (z.B. über Kundenbeziehungen) austauschen. Es entstehen Unsicherheiten, wie weitgehend Daten ausgetauscht werden können. Dateninhaber könnten den Verweis auf kartellrechtliche Risiken nutzen, um sich der Datenweitergabe zu entziehen. Das würde möglicherweise Verzögerungen oder Verweigerungen mit sich bringen, die für den Wettbewerb auf dem nachgelagerten Markt schädlich sind. Die Europäische Kommission hat bislang keine Neigung erkennen lassen, Datenkooperationen und Datenpools in stärkerer Weise zuzulassen als bislang. Damit kann das Kartellrecht zum Stolperstein des Datenzugangs werden. Im Data Act-E selbst wird das Problem kaum gelöst werden können, da Art. 101 AEUV als unmittelbar geltendes Primärrecht dem Sekundärakt vorrangig ist. Eine Lösung dafür sollte durch eine Lockerung des kartellrechtlichen Zugriffs auf Datenpools im Kartellrecht gesucht werden.[190]

(24) Empfohlen wird, in den kartellrechtlichen Leitlinien eine klare Grenzziehung zwischen erlaubter und verbotener Datenweitergabe zu treffen.

---

188 Siehe dazu im Einzelnen *Brauneck*, WRP 2022, 954, 958 ff. Vgl. zum Informationsaustausch im Kartellrecht grundlegend EuGH, 23.11.2006, Rs. C-238/05, ECLI:EU:C:2006:734 – *Asnef Equifax*; Europäische Kommission, Leitlinien zur Anwendung von Art. 81 Abs. 3 EG-Vertrag, (2004/C 101/08), Rn. 56.

189 Data Act-E – Begründung, S. 5, 12.

190 Ähnlich *Demary*, Der Data Act - Welchen Rahmen Unternehmen für Data Sharing wirklich brauchen: Beitrag zum Vorschlag der EU-Kommission, 2022, S. 10 f.

V. Rechtsdurchsetzung und Streitbeilegung

Der Erfolg des Data Acts hängt letztlich von der Rechtsdurchsetzung ab. Nur eine – im Notfall – effektive Rechtsdurchsetzung kann auch im Vorfeld sinnvolle Verhandlungen ermöglichen.

1. Unklare Rechtsfolgen

Die Durchsetzung bestehender Rechte nach dem Data Act ist unvollständig geregelt. Wenn Hersteller ihre Produkte entgegen Art. 3 Abs. 1 Data Act-E nicht zugangsfreundlich gestalten oder wenn sie Dritten den Datenzugang verweigern, stellt sich die Frage nach den möglichen Abhilfemaßnahmen. Im Data Act ist vorgesehen, dass durch Behörden Bußgelder verhängt werden können (Art. 33 Data Act-E). Bußgelder werden jedoch erst die Folge langfristig angelegter behördlicher Verfahren sein. Zügige Abhilfe schaffen sie im Zweifel nicht.

In diesem Fall sind privatrechtliche Mechanismen (einstweilige Verfügung auf Unterlassung der Zugangsverweigerung, ggf. Schadensersatz) erforderlich. Derartige Rechtsfolgen werden im Entwurf jedoch nicht explizit benannt.[191] Sie können sich zwar aus dem allgemeinen Privatrecht ergeben. Für die Durchsetzung wäre jedoch hilfreich, wenn im Data Act selbst entsprechende Vorkehrungen getroffen werden, um die Rechtsfindung vor den Gerichten auf nationaler Ebene (und in der Kontrolle beim EuGH) zu erleichtern. Dabei dürfte anzunehmen sein, dass die Dringlichkeit des Anspruchs stets zu bejahen ist, was – im deutschen Zivilprozessrecht – damit stets einen Verfügungsgrund geben dürfte.[192]

Der Anspruch müsste dem Datenempfänger selbst zustehen und nicht vom Nutzer abhängen. Es ist nicht zumutbar, dass beispielsweise ein Handwerksbetrieb, der Zugang zu den Daten einer Heizungsanlage begehrt, seinen Kunden (den Inhaber der Heizungsanlage) in eine zugangsrechtliche Klage gegen den Dateninhaber hereinzieht.

---

191 Vgl. *Bombard/Merkle*, RDi 2022, 168, 175; *Drexl et. al.*, Position Statement of the Max Planck Institute for Innovation and Competition of 25 May 2022 on the Commission's Proposal of 23 February 2022 for a Regulation on harmonised rules on fair access to and use of data (Data Act), 2022, Rn. 78.

192 Eine entsprechende gesetzliche Regelung im deutschen Recht enthält § 12 Abs. 1 UWG.

(25) Empfohlen wird, die privatrechtlichen Sanktionen und Möglichkeiten im Data Act klarer herauszustellen, ggf. in Erwägungsgründen. Dritte müssen aus eigenem Recht gegen Beschränkungen des Datenzugangs vorgehen können und dazu den Weg des einstweiligen Rechtsschutzes nutzen können.

2. Stärkung des Streitbeilegungsmechanismus

Im Falle privatrechtlicher Auseinandersetzungen steht den Beteiligten gem. Art. 10 Data Act-E der Gang zu Streitbeilegungsstellen offen, die zügig und spezialisiert über Ansprüche nach dem Data Act entscheiden sollen. Der Weg dorthin kann allerdings nur konsensual beschritten werden. Weigert sich ein Dateninhaber oder ein Datenempfänger (Abs. 8), steht nur der ordentliche Rechtsweg zur Verfügung.

Damit droht gerade in konfrontativen Fällen eine Verschleppungstaktik des Dateninhabers. Dieser kann ggf. die Klaviatur der Justiz bespielen, die zuweilen zu lange braucht, um das Problem effizient zu lösen. Will man eine zügige außergerichtliche Kontrolle fördern, kommen folgende Erwägungen in Betracht:

- Die Teilnahme am Streitbeilegungsverfahren könnte verpflichtend gemacht werden.[193] Erst im Anschluss an ein Streitbeilegungsverfahren wäre der Rechtsweg zu den ordentlichen Gerichten eröffnet. Soweit zulässig,[194] könnte dabei ein eingeschränkter Überprüfungsrahmen für die ordentlichen Gerichte vorgesehen werden. Der Streitbeilegungsinstanz wäre dann – wie einer Behörde – ein Beurteilungsspielraum gegeben.
- Die Teilnahme am Streitbeilegungsverfahren könnte attraktiver gestaltet werden, indem Dateninhaber, die sich freiwillig an ein solches schnelles Verfahren binden und dessen Entscheidungen respektieren, nicht in gleicher Weise an andere Regeln gebunden würden. So könnte z.B. eine Bindung an die Streitbeilegung dadurch kompensiert werden, dass bestimmte Verträge nicht offengelegt werden müssen. Da Bedin-

---

193 Ähnlich *Specht-Riemenschneider*, MMR 2022, 809, 824, die eine Bindungswirkung sowie Kostenneutralität bei Verfahren unter Beteiligung von Verbrauchern oder Kleinst- und Kleinunternehmen fordert.

194 Dem EuGH bleibt die Auslegung europäischen Rechts vorbehalten. Der Weg zu den ordentlichen Gerichten muss aus grundrechtlichen Erwägungen offenstehen. Vgl. dazu *Staudenmayer*, EuZW 2022, 1037, 1042.

gungen zügig überprüfbar sind, könnten diese großzügiger gehandhabt werden.

- Den Mitgliedsstaaten könnten Vorgaben für die Ausgestaltung von Streitverfahren nach dem Data Act gemacht werden, so wie in vergleichbarer Form das Kartellschadensersatzrecht durch eine EU-Richtlinie effektiviert wurde (umgesetzt in §§ 33 ff. GWB).[195] Kläger werden demnach gegenüber dem allgemeinen Zivilrecht erheblich privilegiert. Die Verfahren sind bei besonders kompetenten Spruchkörpern konzentriert (vgl. §§ 87, 89 GWB). Denkbar wäre auch, dass der nationale Gesetzgeber von sich aus die private Rechtsdurchsetzung auf nationaler Ebene erleichtert. So ist für die Rechte von Nutzerinnen und Nutzern aus dem Digital Markets Act (DMA) im Referentenentwurf zur 11. GWB-Novelle eine entsprechende Übernahme der kartellrechtlichen Sonderregeln für das private enforcement auch des DMA geplant.[196]

Wesentlich ist, dass die Zugangsansprüche nicht durch monatelange Rechtsfindung verschleppt werden.

(26) Empfohlen wird, die Mechanismen für eine zügige, wirkungsvolle Lösung von Streitfragen zu verbessern, indem die Teilnahme am Streitbeilegungsmechanismus verpflichtend wird oder Anreize zur Selbstbindung gesetzt werden. Die private Rechtsdurchsetzung könnte auch im nationalen Rahmen – entsprechend den kartellrechtlichen Regeln – erleichtert werden.

3. Ausweitung der Zuständigkeit des Streitbeilegungsmechanismus

Nach Art. 10 Data Act-E entscheidet die Streitbeilegungsstelle nur über Streitigkeiten in Bezug auf die Festlegung fairer, angemessener und nichtdiskriminierender Bedingungen für die Bereitstellung von Daten und die transparente Art und Weise der Bereitstellung von Daten nach Art. 8 und 9. Nötig wäre aber auch ein Streitbeilegungsmechanismus

195 Vgl. Richtlinie 2014/104/EU des Europäischen Parlaments und des Rates vom 26. November 2014 über bestimmte Vorschriften für Schadensersatzklagen nach nationalem Recht wegen Zuwiderhandlungen gegen wettbewerbsrechtliche Bestimmungen der Mitgliedstaaten und der Europäischen Union (sog. Kartellschadensersatzrichtlinie).

196 BMWK, Referentenentwurf zum Wettbewerbsdurchsetzungsgesetz, 26.9.2022, S. 17 f.

zum Umfang der benötigten Daten.[197] Zwischen Dateninhaber und -empfänger könnten auch Streitigkeiten darüber entstehen, welche Daten für den jeweiligen Nutzungszweck überhaupt erforderlich sind. Gerade für solche Fragen bieten sich Streitbeilegungsstellen mit Geheimhaltungsvereinbarungen an.[198] Da die Streitbeilegungsstellen, jedenfalls nach dem Kommissionsentwurf, ohnehin nur mit Einverständnis der Parteien tätig werden, ist nicht ersichtlich, wieso ihr Entscheidungsmandat beschränkt sein sollte.[199] Durch eine Ausweitung auf alle Rechtsfragen wird die Inanspruchnahme der Streitbeilegungsstelle insgesamt attraktiver.[200] Der sachliche Anwendungsbereich der Streitbeilegung sollte also ausgeweitet werden.[201]

(27) Empfohlen wird, die Zuständigkeit der Streitbeilegungsstellen in Art. 10 Data Act-E auf alle Fragen auszudehnen, die im Zusammenhang mit dem Datenzugang auftreten.

197 *Graef/Husovec*, Seven Things to Improve in the Data Act, 2022, S. 4.

198 *Graef/Husovec*, Seven Things to Improve in the Data Act, 2022, S. 4.

199 *Graef/Husovec*, Seven Things to Improve in the Data Act, 2022, S. 4.

200 *Drexl et. al.*, Position Statement of the Max Planck Institute for Innovation and Competition of 25 May 2022 on the Commission's Proposal of 23 February 2022 for a Regulation on harmonised rules on fair access to and use of data (Data Act), 2022, Rn. 108.

201 So auch *Graef/Husovec*, Seven Things to Improve in the Data Act, 2022, S. 4; *Drexl et. al.*, Position Statement of the Max Planck Institute for Innovation and Competition of 25 May 2022 on the Commission's Proposal of 23 February 2022 for a Regulation on harmonised rules on fair access to and use of data (Data Act), 2022, Rn. 108; *Gerpott*, CR 2022, 271, 279.

D. Lehren aus dem Digital Markets Act

Mit dem Digital Markets Act (DMA)[202] hat die EU eine erste umfassende Regulierung für digitale Gatekeeper auf den Weg gebracht. In diesem Rechtsakt sind auch Datenzugangsansprüche vorgesehen, die zum Teil die Regelungen im Data Act ergänzen.[203] Der DMA soll gem. Art. 1 Abs. 1 DMA für bestreitbare und faire Märkte sorgen. Davon sollen gewerbliche Nutzer und Endnutzer von digitalen Plattformen profitieren.

I. Adressaten des DMA

Der DMA sieht Vorschriften für Torwächter vor. Adressiert werden nur Unternehmen, die von der Kommission als solche gem. Art. 3 DMA bestimmt werden. Umfasst sind besonders mächtige Unternehmen, die sog. zentrale Plattformdienste bereitstellen. Die Torwächter sind typischerweise Unternehmen, die digitale Plattformen betreiben. Nicht erfasst werden insbesondere klassische Industrieunternehmen, die in der Fertigung von smarten Geräten aktiv sind. Sie werden im Data Act prototypisch adressiert. Eine Schnittmenge ergibt sich im Adressatenkreis dort, wo Torwächter die Datenverwaltung im IoT-Sektor übernehmen. Es wird damit gerechnet, dass etwa 10 bis 20 Unternehmen vom DMA erfasst werden, allen voran die dominanten Internetunternehmen Amazon, Alphabet, Apple, Meta und Microsoft. Die Verpflichtungen gelten für ihre zentralen Plattformdienste (z.B. Online-Vermittlungsdienste, Betriebssysteme, virtuelle Assistenten), die in Art. 2 Abs. 2 DMA abschließend aufgezählt sind. Nur für diesen begrenzten Kreis von Diensten gelten die Vorgaben des DMA, darunter auch vereinzelte Datenzugangsansprüche.

---

202 VO (EU) 2022/1925 über bestreitbare und faire Märkte im digitalen Sektor und zur Änderung der Richtlinien (EU) 2019/1937 und (EU) 2020/1828 (Gesetz über digitale Märkte). Siehe dazu im Überblick *Podszun/Bongartz/Kirk*, NJW 2022, 3249 ff.

203 Siehe dazu *Schweitzer/Metzger et al.*, Data access and sharing in Germany and in the EU: Towards a coherent legal framework for the emerging data economy, Final Report, 8 July 2022 (Gutachten für das Bundesministerium für Wirtschaft und Klimaschutz), S. 198 ff.

II. Datenzugangsansprüche im DMA

Im DMA sind die Verpflichtungen, die die Torwächter für ihre zentralen Plattformdienste treffen, in Art. 5-7 festgelegt. Diese Verpflichtungen gelten automatisch, sie sollen „self-executing" sein und sind gerade darauf ausgerichtet, dass die Torwächter die Ge- und Verbote ohne weitere Befassung einer Behörde einhalten können. In der Liste von Verpflichtungen finden sich auch Datenzugangsansprüche:

In Art. 5 Abs. 9 und 10 DMA sowie in Art. 6 Abs. 8 DMA wird Zugang zu Informationen bezüglich Werbung, die beim Gatekeeper geschaltet wird, eingeräumt. Werbetreibende und Herausgeber sowie von diesen beauftragte Dritte sollen so in die Lage versetzt werden, die Werbeleistungen und -erfolge selbstständig überprüfen zu können. Interessant ist insbesondere die Formulierung in Art. 6 Abs. 8 DMA: Demnach sollen die Werbetreibenden und Herausgeber sowie von diesen „beauftragte Dritte" kostenlos Zugang erhalten

> „zu den Daten, die sie benötigen, um ihre eigene unabhängige Überprüfung (...) vorzunehmen, einschließlich aggregierter und nichtaggregierter Daten. Diese Daten werden so bereitgestellt, dass Werbetreibende und Herausgeber ihre eigenen Überprüfungs- und Messinstrumente einsetzen können, um die Leistung der von den Torwächtern bereitgestellten zentralen Plattformdienste zu bewerten."

An dieser Formulierung sind mehrere Aspekte bemerkenswert:

Erstens werden auch aggregierte Daten bereitgestellt. Zweitens wird der Umfang der Daten nach dem Zweck bestimmt – bereitgestellt werden müssen alle Daten, die für den angestrebten Zweck nötig sind. Drittens wird postuliert, dass diese in einer Form bereitgestellt werden, die es erlaubt, mit eigenen Tools darauf zuzugreifen. Viertens wird umstandslos darauf abgestellt, dass Dritte von den Zugangspetenten beauftragt werden und sodann gleiche Rechte genießen. Schließlich ist festzustellen, dass keine weiteren Bedingungen genannt werden (etwa ein Konkurrenzverbot).

Alle fünf Punkte ließen sich für die Gestaltung von Datenzugangsansprüchen nach dem Data Act fruchtbar machen: ein weiter Umfang von Daten, die nach ihrer Finalität bestimmt werden und in weiterverwertbarer Form bereitzustellen sind. Dritte können umstandslos nutzen, weitere Bedingungen werden nicht erhoben.

Der Abgleich des Data Acts mit dieser Vorschrift zeigt, dass auch wesentlich großzügigere Formulierungen möglich sind, als sie im Data Act vorgesehen sind. Dies bestätigt auch ein Blick auf Art. 6 Abs. 10 DMA. In diesem wird ein Datenzugangsanspruch für gewerbliche Nutzer von Plattformen (sowie für von diesem beauftragte Dritten) zu solchen Daten statuiert, die durch die gewerblichen Nutzer selbst oder durch deren Endnutzer auf der Plattform generiert oder bereitgestellt wurden. Die Nutzung dieser Daten ist den gewerblichen Nutzern zu ermöglichen. Sie (bzw. ihre Dritten) erhalten

> „auf ihren Antrag hin kostenlos einen effektiven, hochwertigen und permanenten Echtzeitzugang zu aggregierten und nichtaggregierten Daten, einschließlich personenbezogener Daten".

Wiederum wird ein Modell vom Verordnungsgeber gewählt, das in aller Deutlichkeit die Effektivität des Datenzugangs postuliert.

Bemerkenswert ist in diesem Zusammenhang auch der Umgang mit personenbezogenen Daten. Diese dürfen vom Torwächter bereitgestellt werden, wenn die personenbezogenen Daten unmittelbar mit der Nutzung der Produkte oder Dienstleistungen in Zusammenhang stehen und die Endnutzer in eine Weitergabe eingewilligt haben. Die erste Voraussetzung dürfte bei den vom Data Act in den Blick genommenen Daten, die bei der Nutzung smarter Geräte anfallen, stets gegeben sein. Die zweite Voraussetzung, die Einwilligung, ist dem Datenschutzrecht immanent und ist wohl machbar.

Einen weiteren Datenzugangsanspruch erhalten die Betreiber von Suchmaschinen gem. Art. 6 Abs. 11 DMA zu FRAND-Bedingungen. Sie sollen Zugriff auf Suchdaten u.ä. erhalten. Satz 2 stellt schlicht fest:

> „Alle derartigen Anfrage-, Klick- und Ansichtsdaten, bei denen es sich um personenbezogene Daten handelt, werden anonymisiert."

Hier wird also hinsichtlich persönlicher Daten mit einer Anonymisierungslösung gearbeitet. Nähere Auskünfte über die Kostentragungspflicht der Anonymisierung sind nicht gegeben.

Zahlreiche weitere Verpflichtungen im DMA sichern den Zugang von gewerblichen Nutzern zu Plattformen und eine faire Behandlung von Endnutzern. Die einzelnen Pflichten hier aufzuführen, würde zu weit führen.[204] Im DMA wurde aber an vielen Stellen darauf geachtet, tatsächliche Zugangsbarrieren abzubauen. Zudem wird deutlich, dass Plattformen keinen Anspruch auf die Daten erheben können, die bei ihnen durch Aktivitäten Dritter (der gewerblichen Nutzer oder der Endnutzer) anfallen.

---

204 Siehe etwa den Überblick bei *Herbers*, RDi 2022, 252; zu datenrechtlichen Aspekten *Kerber*, ZD 2021, 544;

Auch dieser Gedanke, der eine Zuordnung der Datenhoheit konsequent verweigert und eine Offenheit des Datenzugangs mit sich bringt, ist auf den Data Act übertragbar.

III. Erkenntnisse für den Data Act

Der DMA wird mit seinem Wirksamwerden, das für 2024 erwartet wird, die Möglichkeiten gewerblicher Nutzer von besonders mächtigen Plattformen verbessern. Ob die Vorschriften in der Praxis den gewünschten Nutzen stiften, ist aber auch von der Durchsetzung abhängig, die im DMA mit einem ans Kartellrecht angelehnten Regime gewährleistet werden soll.

Unmittelbare Auswirkungen auf den Datenzugang für Handwerksunternehmen und andere Dienstleister haben die Vorschriften nur in begrenzter Weise. Zum einen geht es nur um einzelne spezifische Datenzugangsansprüche, die für andere Branchen relevanter sind (Werbe- und Suchdaten). Zum anderen werden nur einige wenige zentrale Plattformdienste von Torwächtern reguliert, nicht aber die Masse der Hersteller smarter Geräte. Es ist allerdings denkbar, dass Handwerksunternehmen ihre Leistungen über Plattformen erbringen, die vom DMA erfasst sind, etwa wenn Dienstleistungen über Amazon vertrieben werden. Zudem können derartige Plattformen gerade mittelbar auch in das IoT-Geschäft einsteigen. Wenn beispielsweise eine Software von Alphabet das Smart Home verwaltet oder über ein Gerät über einen virtuellen Assistenten gesteuert wird, der von einem Gatekeeper betrieben wird, kann der DMA unmittelbar hereinspielen. Der DMA bietet dafür eine gute Grundlage. Art. 6 Abs. 10 DMA tritt, soweit es sich um zentrale Plattformdienste von Torwächtern handelt, neben die Ansprüche aus dem Data Act.

Wichtig ist für die Gestaltung des Data Act, dass sich anhand des DMA alternative Gestaltungsmöglichkeiten aufzeigen lassen. Diese beziehen sich insbesondere auf die folgenden Aspekte:

- Datenformat: Die Daten sind so bereitzustellen, dass sie von den Datenempfängern mit eigenen Tools genutzt werden können.
- Datenumfang: Es sind alle Daten zur Verfügung zu stellen, die für den gedachten Zweck (z.B. das Tätigwerden auf dem nachgelagerten Markt) benötigt werden.
- Art der Zugangsgewährung: Der Zugang ist durch einen kostenlosen, effektiven, hochwertigen, permanenten Echtzeitzugang zu gewähren.

- Verhältnis der Parteien: Die Gatekeeper haben auf Antrag hin zu agieren, beauftragte Dritte sind gleichwertig zu behandeln, eine Einwilligung der Nutzer ist nur bei personenbezogenen Daten erforderlich.
- Art der Daten: Aggregierte Daten und personenbezogene Daten werden einbezogen.

Die Vorschriften fallen zugunsten der Zugangspetenten tendenziell im DMA großzügiger aus als im Data Act-E. Ein Abgleich der Formulierungen würde die oben benannten Empfehlungen zur Gestaltung des Datenzugangs bestärken.

Der DMA ist ein Beispiel für die Regulierung von Unternehmen, die eine besondere Stellung erlangt haben – eben als Gatekeeper. Die Verordnung zeigt insofern eine machtbezogene Differenzierung von Pflichten. Das ist perspektivisch auch für den Datenzugang in anderen Bereichen vorbildhaft. Sollte sich herausstellen, dass einige Unternehmen eine besonders große Bedeutung für den IoT-Markt erhalten und Zugangsfragen ihnen gegenüber kritisch sind, ließe sich am DMA für eine gesonderte Regulierung solcher Unternehmen Maß nehmen. Dies ist allerdings derzeit noch nicht absehbar. Qualitative und quantitative Kriterien dafür, etwa Marktbeherrschung oder eine besonders hohe Nachfrage nach Datenzugang bei einem Produkt, könnten entwickelt werden.

Schließlich ist darauf hinzuweisen, dass der DMA ein eigenes, zentralisiertes europäisches Durchsetzungsregime vorsieht. Der Data Act-E hingegen überlässt die Durchsetzung weitgehend den Mitgliedstaaten (vgl. Art. 31-33 Data Act-E). Es lässt sich fragen, ob nicht für besonders gravierende Verstöße auch eine zentralisierte Kompetenz bei der Europäischen Kommission vorzusehen ist, die ggf. auch mit Bußgeldern die Unternehmen sanktionieren sollte. Das Durchsetzungsmodell des Data Act würde dadurch erheblich verändert.

(28) Empfohlen wird, die Regeln im Data Act-Entwurf mit denen des Digital Markets Act abzugleichen.

E. Schlussbetrachtung

Der Data Act hat das Potenzial, zu einem Grundgesetz der vernetzten Wirtschaft zu werden. Wo Daten ein wesentlicher Rohstoff für die gesamte Wertschöpfung geworden sind, wird der Zugang zu solchen Daten zu einer Schlüsselfrage des Erfolgs. Gerade Dienstleister, die auf Sekundärmärkten tätig werden wollen, sind darauf angewiesen, dass ihnen die Kontrolleure der Daten den digitalen Schlüssel geben. Das trifft gerade auch Kleinstunternehmen, kleinere und mittlere Unternehmen, etwa aus der Handwerkerschaft oder dem Dienstleistungsgewerbe.

Die Europäische Kommission hat das Thema als wesentlich erkannt. Sie sieht mit dem Data Act-Entwurf vor, dass im Internet of Things Nutzer stets einen unmittelbaren Datenzugang erhalten und dieses Recht auch für Dritte erwirken können. Diese Weichenstellung ist gelungen. Auch in vielen anderen Details sind die derzeit – Stand Dezember 2022 – vorliegenden Vorschläge äußerst hilfreich, um den Marktzutritt auf Sekundärmärkten sicherzustellen: Der Zugang soll möglichst einfach und effizient erfolgen („access by design"). Die Höhe der zu erbringenden Gegenleistung für die Bereitstellung der Daten ist für Nutzer und KMU stark begrenzt. Für Verträge mit KMU ist eine eigene Klauselkontrolle vorgesehen. Es sind Ansätze zu einer wirkungsvollen Rechtsdurchsetzung vorhanden. Mit dem Data Act wird ein horizontales Instrument geschaffen, auf dem spezifischere Lösungen aufbauen können, ohne hinter den harmonisierten Standard zurückzufallen.

Für den Zugang zu Sekundärmärkten bleibt aber der Teufel im Detail. Handwerker, die Folgeleistungen erbringen wollen, brauchen einen raschen, unkomplizierten Datenzugriff. Die gewählte Vertragskonstruktion zwischen sog. Dateninhabern und den Dritten, vermittelt über den Nutzer, lässt hier noch viel Raum für Verzögerungstaktiken und das Ausspielen überlegener Verhandlungsmacht durch die Datenkontrolleure. Das ist nicht gerechtfertigt – für die faktischen Kontrolleure der Daten streitet von Rechts wegen keine besondere Zuordnung der Datenmacht. Diese Störpotentiale können minimiert werden: durch einen zweckbezogenen Zugangsanspruch, der auch sonstige benötigte Daten und Hilfsmittel einschließt und echten Zugang zum Kunden gewährt; durch bessere technische Lösungen (access by design auch für Dritte); durch klarere Bedingungen (Ausbau der Klauselkontrolle) und Sofortlösungen (Hinterlegung und

Zugang statt Verhandlung). Für Nutzer sollte es ein einfaches, klar designtes Zustimmungsmanagement geben, damit es nicht zu Friktionen im Verhältnis von Kunden und ihren Dienstleistern kommt. Das kommerziell wichtige Thema der vorausschauenden Wartung und die Vertragskaskaden bei virtuellen Assistenten sollten ausdrücklich geregelt werden.

Ein Vorteil des Data Act-Entwurfs ist die Differenzierung nach der Position verschiedener Akteure im Markt. Gatekeeper im Sinne des Digital Markets Act dürfen nicht von der verpflichtenden Datenöffnung profitieren. Auf Seiten der Datenempfänger werden Kleinstunternehmen und KMU an mehreren Stellen privilegiert. Dieser Ansatz ist lobenswert. Zu erwägen ist, ob für bestimmte, besonders bedeutsame Datenkontrolleure nicht noch weitere Vorgaben erforderlich sind.

Einstweilen unbefriedigend bleibt das Verhältnis zu anderen Rechtsgebieten wie dem Datenschutzrecht. Hier bleibt Stolperpotential vorhanden, das sich aber im derzeitigen Stand der Digitalregulierung möglicherweise auch noch nicht ausräumen lässt.

Last but not least wird die Rechtsdurchsetzung wichtig. Hier haben es vor allem die Mitgliedsstaaten in der Hand, ein schlagkräftiges und zügiges Instrumentarium bereitzustellen, damit Unternehmen, die nicht vom Marktzutritt auf Sekundärmärkte ausgeschlossen werden wollen, den Verpflichtungen aus dem Data Act im Notfall Nachdruck verleihen können.

Bei allem Potential bleibt die wesentliche Erkenntnis, dass die Europäische Kommission das richtige Thema angefasst hat und die Chancenverteilung im Wettbewerb und die Souveränität des Konsumenten auch in der digitalen Ökonomie gewahrt bleiben können.

Die nachfolgende Auflistung gibt die Empfehlungen wieder, die in dieser Studie unterbreitet wurden.

Liste der Empfehlungen

(1) Empfohlen wird, dass für Dritte, die auf Sekundärmärkten tätig werden wollen, der Zugangsanspruch zweckbezogen definiert wird und diejenigen Daten, Instrumente und Hilfsmittel umfasst, die für das Tätigwerden benötigt werden und die dem Dateninhaber selbst zur Verfügung stehen.

(2) Empfohlen wird, die Beschränkung auf Rohdaten im Grundsatz fallen zu lassen. Stattdessen ist – gerade auch für Dritte – vorzusehen, dass, soweit benötigt, derivative Daten zur Verfügung gestellt werden.

(3) Empfohlen wird, klarzustellen, dass der Zugangsanspruch zum Zwecke der Eröffnung von Sekundärmärkten auch die Nutzungsdaten anderer Nutzer umfasst, sofern aggregierte Daten für die Erbringung der Dienstleistung erforderlich sind und dem Dateninhaber zur Verfügung stehen. Eine angemessene Anonymisierung ist bei Weitergabe zu gewährleisten, z.B. über Datentreuhänder. Klargestellt werden sollte, dass bei Anonymisierung ein berechtigtes Interesse i.S.d. Art. 6 Abs. 1 lit. f DSGVO vorliegt, wenn Daten für die weitere Nutzung auf Sekundärmärkten aggregiert werden.

(4) Empfohlen wird klarzustellen, dass der Nutzer keinen Einschränkungen dabei unterliegt, zu welchem Zweck er die Daten freigeben möchte.

(5) Empfohlen wird, dass für Unternehmen, die auf Folgemärkten tätig werden wollen, der Zugangsanspruch auch den Zugang zu weiteren Hilfsmitteln umfasst, ohne die die Nutzerdaten nicht sinnvoll für den angestrebten Zweck genutzt werden können. Das beinhaltet insbesondere den Zugang zu weiteren, nicht-nutzergenerierten Daten, zu Software und zur Infrastruktur, die für eine sinnvolle und unmittelbare Nutzung der Daten erforderlich sind. Der Zugang zu diesen Hilfsmitteln darf nicht prohibitiv vom Dateninhaber ausgestaltet werden, sondern sollte den selben Vorgaben unterliegen wie der Zugang zu den Daten selbst.

(6) Empfohlen wird, ein Zustimmungsmanagement vorzuschreiben, das Nutzern eine echte Auswahl zwischen verschiedenen Zugangsmodellen ermöglicht.

(7) Empfohlen wird, eine Kopplung zu verbieten, die den Erwerb des Produkts von der Zustimmung zu einem bestimmten, nicht erforderlichen Datenzugang für den Dateninhaber oder von ihm beauftragte Personen abhängig macht.

(8) Empfohlen wird, Unklarheiten in der Ausgestaltung des Vertrags zwischen Dateninhaber und Nutzer noch im Gesetzgebungsverfahren aufzulösen. Klärungsbedürftig sind der Nutzerbegriff, insbesondere bei Weitergabe oder Fremdnutzung des Produkts, die Laufzeit und Bindungswirkung der Einwilligung sowie die Konsequenzen einer Vertragsstörung.

(9) Empfohlen wird, dass auf Zuruf des Nutzers unmittelbar ein Zugangsrecht für Dritte geschaffen werden muss, ohne dass es noch zu Verhandlungen zwischen Dateninhabern und Dritten kommen muss. Erwogen werden könnte jedenfalls, dass derartige Lösungen im Data Act privilegiert werden.

(10) Empfohlen wird, die Klausel in Art. 5 Abs. 5 Data Act-E strenger zu formulieren.

(11) Empfohlen wird, das Zustimmungsmanagement so auszugestalten, dass weder künstliche bürokratische Hürden zur Zustimmung errichtet werden noch der Nutzer vom Dateninhaber zu Ungunsten des Dritten beeinflusst werden kann. Nutzt der Dateninhaber seine Position, um den Nutzer zum Nachteil Dritter zu beeinflussen, sollte eine Sanktion vorgesehen werden.

(12) Empfohlen wird, eine Verpflichtung aufzunehmen, dass Daten in einem strukturierten, gängigen und maschinenlesbaren Format oder in branchenüblicher Weise zur Verfügung gestellt werden müssen. Zudem sollte untersagt werden, dass für Lesen, Speichern und Nutzen der Daten weitere Tools kostenpflichtig erworben werden müssen.

(13) Empfohlen wird klarzustellen, dass der in-situ-Zugang zu Daten ohne Möglichkeit des Datentransfers den Anforderungen des Data Acts nicht genügt, insbesondere für Dritte.

(14) Empfohlen wird, das Konzept „access by design" zum Regelfall mit enumerativ aufgezählten Ausnahmetatbeständen zu erklären und einen Anspruch darauf vorzusehen.

(15) Empfohlen wird eine Regelung, nach der bei Nutzung mehrerer hintereinandergeschalteter Geräte an einem zentralen Zugangspunkt der Zugang zu allen Daten der Kette abgefragt werden kann.

(16) Empfohlen wird, eine gesonderte Regelung für vorausschauende Wartung zu schaffen. Diese sollte darauf gerichtet sein, dass Nutzer explizit der vorausschauenden Wartung zustimmen müssen und auswählen können, wer als Leistungserbringer eingeschaltet wird. Diese Auswahl muss der Kunde jederzeit neu justieren können (und regelmäßig neu justieren müssen).

(17) Empfohlen wird, standardmäßig den sofortigen Zugang zu gewähren. Die berechtigten Interessen des Dateninhabers an einer Vergütung – soweit eine solche überhaupt erforderlich ist – sollten durch eine Hinterlegungslösung oder ähnliche Modelle gesichert werden.

(18) Empfohlen wird, dass Vertragsabschlüsse über Zugang bei einer offiziellen Stelle hinterlegt werden müssen, damit Nichtdiskriminierung und Angemessenheit im Einzelfall überprüft werden können. Für bedeutende Unternehmen könnte auch eine Veröffentlichungspflicht von „Tarifen" und Bedingungen vorgesehen werden.

(19) Empfohlen wird, die Gegenleistungspflicht bei KMU grundsätzlich zu überprüfen. Soll an einer Gegenleistung festgehalten werden, könnte eine geringe pauschale Vergütung sachgerechter sein als die Auswertung der Kosten im Einzelfall.

(20) Empfohlen wird, für Extremfälle der Verzögerung oder der Abschlussverweigerung eine Sanktion vorzusehen, insbesondere wenn es sich dabei um eine systematische unternehmerische Strategie handelt. Die Liste der verbotenen Klauseln in Art. 13 Data Act-E sollte überprüft und ggf. ergänzt werden. Empfohlen wird zudem, der Europäischen Kommission die Möglichkeit einzuräumen, die Liste der Beispiele in Art. 13 Abs. 3 und 4 Data Act-E durch delegierten Rechtsakt zu erweitern. Die Formulierung in Art. 13 Abs. 5 Data Act-E sollte an die des Art. 3 Abs. 2 RL 93/13/EWG angepasst werden.

(21) Empfohlen wird, die Notwendigkeit der Konkurrenzklausel neu zu bewerten. Klargestellt werden sollte, dass Weiterentwicklungen des Ausgangsprodukts und Konkurrenzprodukte für den nachgelagerten Markt jedenfalls nicht von der Konkurrenzklausel erfasst sind.

(22) Empfohlen wird eine Klarstellung, dass Daten, die durch den Nutzer generiert werden, keine Geschäftsgeheimnisse sein können. Der Zugang zu Hilfsmitteln, die zur Datenentschlüsselung erforderlich sind, darf vom Dateninhaber nicht unter Berufung auf Geschäftsgeheimnisse oder Immaterialgüterrechte verweigert werden. Empfohlen wird, den Widerspruch in Art. 8 Abs. 6 zu Art. 5 Abs. 8 Data Act-E zugunsten der Formulierung in Art. 5 Abs. 8 aufzulösen.

(23) Empfohlen wird, dass die datenschutzrechtliche Rechtsunsicherheit bei der Nutzung der Geräte durch andere Personen als den ursprünglichen Erwerber aufgelöst wird.

(24) Empfohlen wird, in den kartellrechtlichen Leitlinien eine klarere Grenzziehung zwischen erlaubter und verbotener Datenweitergabe zu treffen.

(25) Empfohlen wird, die privatrechtlichen Sanktionen und Möglichkeiten im Data Act klarer herauszustellen, ggf. in Erwägungsgründen. Dritte müssen aus eigenem Recht gegen Beschränkungen des Datenzugangs vorgehen können und dazu den Weg des einstweiligen Rechtsschutzes nutzen können.

(26) Empfohlen wird, die Mechanismen für eine zügige, wirkungsvolle Lösung von Streitfragen zu verbessern, indem die Teilnahme am Streitbeilegungsmechanismus verpflichtend wird oder Anreize zur Selbstbindung gesetzt werden. Die private Rechtsdurchsetzung könnte auch im nationalen Rahmen – entsprechend den kartellrechtlichen Regeln – erleichtert werden.

(27) Empfohlen wird, die Zuständigkeit der Streitbeilegungsstellen in Art. 10 Data Act-E auf alle Fragen auszudehnen, die im Zusammenhang mit dem Datenzugang auftreten.

(28) Empfohlen wird, die Regeln im Data Act-Entwurf mit denen des Digital Markets Act abzugleichen.

Executive Summary

(1) With the draft Data Act, the European Commission placed **data access** high on the agenda for regulating the network economy. Those corporations who have *de facto* control over data collected with smart devices can exclude others from markets and may decide on the success of third parties in competition according to their own profit interests. This takes away consumers' decision-making power in the market economy and leads to less competition and innovation. In this study, potential improvements of the Data Act are identified with the specific aim of **preventing a foreclosure of access to secondary markets** for independent companies.

(2) The Commission has chosen **the right approach** in the Data Act. In this study, however, 28 recommendations are made, which start at different points in order to improve access to secondary markets for third parties.

(3) The access right for third parties should be granted with a view to the specific purpose and it should open up **direct access to the data and tools needed** for the provision of services on the secondary market. Only this ensures competition, innovation and customer orientation (recommendations 1-5).

(4) A simple **consent management system** must be created on a mandatory basis for users. It needs to ensure real choice and grant decision-making power, while at the same time giving third parties a fair chance to enter the competition (recommendations 6-11).

(5) Access must be provided in a standard format, data transfer must be enabled. Cascades of contracts should be avoided (recommendations 12-15).

(6) Independent companies must have the opportunity to participate in the emerging business of **predictive maintenance** (recommendation 16).

(7) Access should not be delayed or made difficult by **excessive consideration and prohibitive conditions**. The consideration obligation vis-à-vis SMEs and the competition clause should be fundamentally reviewed. It may be necessary to impose special obligations on undertakings that have a special power in markets (recommendations 17-21).

(8) Some problems in accessing secondary markets arise from the **interaction with other areas of law**, in particular data protection, trade secrets or antitrust law. These problems can only be solved to a limited extent in the Data Act. It is important to strive for greater coherence of regulatory objectives and mechanisms (recommendations 22-24).

(9) **Enforcement** can be made more effective (recommendations 25-27).

(10) The rules of the Data Act should be aligned with those of the Digital Markets Act (recommendation 28).

Wesentliche Ergebnisse

(1) Mit dem Entwurf des Data Acts hat die Europäische Kommission den Datenzugang in der vernetzten Wirtschaft zum Thema gemacht. Wer die **faktische Kontrolle über Daten** hat, die mit smarten Geräten gesammelt werden, kann andere von Märkten ausschließen und nach eigenen Profitinteressen über den Erfolg Dritter im Wettbewerb entscheiden. Das nimmt Verbraucherinnen und Verbrauchern die Entscheidungsmacht in der Marktwirtschaft und führt zu weniger Wettbewerb und Innovation. In dieser Studie werden Verbesserungspotenziale des Data Acts mit der Zielrichtung aufgezeigt, eine Abschottung von Sekundärmärkten für unabhängige Unternehmen zu verhindern.

(2) Der im Data Act von der Kommission gewählte Ansatz ist **grundsätzlich begrüßenswert.** In dieser Studie werden gleichwohl 28 Empfehlungen gegeben, die an verschiedenen Stellen ansetzen, um den Zugang zu Sekundärmärkten für Dritte zu verbessern.

(3) Der **Zugangsanspruch für Dritte** sollte **zweckgebunden** gewährt werden und den unmittelbaren Zugang zu den **Daten und Hilfsmitteln** eröffnen, die für die Leistungserbringung auf dem Sekundärmarkt **benötigt** werden. Nur das sichert Wettbewerb, Innovation und Kundenorientierung (Empfehlungen 1-5).

(4) Für Nutzer muss verpflichtend ein einfaches **Zustimmungsmanagement** geschaffen werden, das echte Auswahlmöglichkeiten und Entscheidungsbefugnisse sichert und das zugleich Dritten eine faire Chance gibt, in den Wettbewerb einzutreten (Empfehlungen 6-11).

(5) Der Zugang muss **in einem gängigen Format** gewährt werden und einen **Datentransfer** ermöglichen. Vertragskaskaden sind zu vermeiden (Empfehlungen 12-15).

(6) Unabhängige Unternehmen müssen die Möglichkeit haben, am entstehenden Geschäftsfeld der vorausschauenden Wartung (**predictive maintenance**) zu partizipieren. (Empfehlung 16).

(7) Der Zugang zum Sekundärmarkt darf nicht durch eine **überspannte Gegenleistungspflicht und prohibitive Bedingungen** verzögert oder erschwert werden. Die Gegenleistungspflicht gegenüber KMU und die Konkurrenzklausel sollten grundsätzlich überprüft werden. Möglicherweise sollten bedeutsame Unternehmen besonderen Pflichten unterliegen (Empfehlungen 17-21).

(8) Einige Probleme beim Zugang zu Sekundärmärkten entstehen durch das **Zusammenwirken mit anderen Rechtsgebieten**, insbesondere Datenschutz-, Geschäftsgeheimnisschutz- oder Kartellrecht. Diese Probleme können im Data Act nur beschränkt gelöst werden. Anzustreben ist eine stärkere Kohärenz der Regelungsziele und –mechanismen (Empfehlungen 22-24).

(9) Die **Rechtsdurchsetzung** kann noch effektiver gestaltet werden (Empfehlungen 25-27).

(10) Die Regeln im Data Act sollten mit denen im **Digital Markets Act** abgeglichen werden (Empfehlung 28).

Literaturverzeichnis

Sämtliche Links wurden zuletzt am 31.12.2022 abgerufen.

Albusen, Harm/*Bizer*, Kilian/*Dilekoglu*, Kübra/*Meub*, Lukas/*Proeger*, Till/*Thonipara*, Anita, Plattformökonomie im Handwerk, Göttinger Beiträge zur Handwerksforschung, Göttingen 2021

Amstutz, Marc, Dateneigentum, AcP 2018, S. 438-551

BDI (Bundesverband der Deutschen Industrie), Stellungnahme zum Legislativvorschlag des EU-Data Act, 2022, abrufbar unter: https://bdi.eu/publikation/news/legislativvorschlag-des-eu-data-act-datennutzung-datenwirtschaft/

Atik, Can, Data Act: Legal Implications for the Digital Agriculture Sector, TILEC Discussion Paper, 2022, abrufbar unter: https://ssrn.com/abstract=4172957

Bechtold, Stefan, Die Kontrolle von Sekundärmärkten, Baden-Baden 2007

Bien, Florian et al. (Hrsg.), Die 10. GWB-Novelle, München 2021 (zit. *Bearbeiter* in: Bien et al., Die 10. GWB-Novelle, 2021)

Bitkom, Bitkom Position Paper EU Data Act Proposal, long version, 2022, abrufbar unter: https://www.bitkom.org/sites/main/files/2022-04/2204-Bitkom-DataAct-PositionPaper-long.pdf

BMWi (Bundesministerium für Wirtschaft und Energie), Digitalisierung in Deutschland – Lehren aus der Corona-Krise, Gutachten des Wissenschaftlichen Beirats beim Bundesministerium für Wirtschaft und Energie (BMWi), 2021, abrufbar unter: https://www.bmwk.de/Redaktion/DE/Publikationen/Ministerium/Veroeffentlichung-Wissenschaftlicher-Beirat/gutachten-digitalisierung-in-deutschland.pdf?__blob=publicationFile&v=4

Bombard, David/ *Merkle*, Marieke, Der Entwurf eines EU Data Acts, RDi 2022, S. 168-176

Bradford, Anu, The Brussels Effect: How the European Union Rules the World, Oxford, 2019

Brauneck, Jens, Zur Vereinbarkeit des Data Act-Entwurfes mit dem Europäischen Wettbewerbsrecht, WRP 2022, S. 954-961

Casper, Matthias/*Grimpe*, Adrian, Sachenrechtliche und AGB-rechtliche Zulässigkeit digitalen Fernzugriffs auf vernetzte Sachen, ZIP 2022, S. 661-670

Colangelo, Giuseppe/ *Borgogno*, Oscar, Shaping Interoperability for the IoT: The Case for Ecosystem-tailored Standardisation, Deep-In Working Paper, 2022, abrufbar unter: https://ssrn.com/abstract=4106894

Dammann, Ulrich, Erfolge und Defizite der EU-Datenschutzgrundverordnung – Erwarteter Fortschritt, Schwächen und überraschende Innovation, ZD 2016, S. 307-314

Demary, Vera, Der Data Act - Welchen Rahmen Unternehmen für Data Sharing wirklich brauchen: Beitrag zum Vorschlag der EU-Kommission, IW-Policy Paper No. 2/2022, abrufbar unter: https://www.econstor.eu/bitstream/10419/260585/1/1806249294.pdf

DIHK (Deutscher Industrie- und Handelskammertag), Stellungnahme zum Legislativvorschlag des EU-Data Act, 2022, abrufbar unter: https://www.dihk.de/resource/blob/71822/4a99bc6537af818d2e5c456f0879dc95/dihk-stellungnahme-data-act-data.pdf

DIHK (Deutscher Industrie- und Handelskammertag), Stellungnahme zum Vorschlag für eine Verordnung über harmonisierte Vorschriften für einen fairen Datenzugang und eine faire Datennutzung (Datengesetz), 2022, abrufbar unter: https://www.dihk.de/resource/blob/71822/4a99bc6537af818d2e5c456f0879dc95/dihk-stellungnahme-data-act-data.pdf

Ducuing, Charlotte/ Margoni, Thomas/ Schirru, Luca (Hrsg.), White Paper on the Data Act Proposal, CITIP Working Paper Series, 2022, abrufbar unter: https://www.law.kuleuven.be/citip/en/Publications/citip-whitepaperdataact.pdf

Drexl, Josef et al., Position Statement of the Max Planck Institute for Innovation and Competition of 25 May 2022 on the Commission's Proposal of 23 February 2022 for a Regulation on Harmonised Rules on Fair Access to and Use of Data (Data Act), Max Planck Institute for Innovation & Competition Research Paper No. 22-05, 2022, abrufbar unter: https://ssrn.com/abstract=4136484

Drexl, Josef et al., Data Ownership and Access to Data, Position Statement of the Max Planck Institute for Innovation and Competition of 16 August 2016 on the Current European Debate, Max Planck Institute for Innovation & Competition Research Paper No. 16 –10, abrufbar unter: https://ssrn.com/abstract=2833165

Ehmann, Eugen/ Selmayr, Martin (Hrsg.), Datenschutz-Grundverordnung, 2. Auflage, München 2018
(zit.: *Bearbeiter* in: Ehmann/Selmayr, DSGVO, 2018)

Engeler, Malte, Der Konflikt zwischen Datenmarkt und Datenschutz, NJW 2022, S. 3398-3405

European Commission Expert Group for the Observatory on the Online Platform Economy, Progress Report, Work Stream on Differentiated Treatment, 2020, abrufbar unter: https://platformobservatory.eu/app/uploads/2020/07/ProgressReport_Workstream_on_Differentiated_treatment_2020.pdf

European Commission Expert Group for the Observatory on the Online Platform Economy, Progress Report, Work Stream on Data, 2020, abrufbar unter: https://platformobservatory.eu/app/uploads/2020/07/ProgressReport_Workstream_on_Data_2020.pdf

Gerpott, Torsten J., Vorschlag für ein europäisches Datengesetz Überblick und Analyse der Vorgaben für vernetzte Produkte, CR 2022, S. 271-280

Grabitz, Eberhard/Hilf, Meinhard/Nettesheim, Martin (Hrsg.), Das Recht der EU, 76. Auflage, München 2022
(zit. *Bearbeiter* in: Grabitz/Hilf/Nettesheim, Das Recht der EU, 2022).

Graef, Inge/*Husovec*, Martin, Seven Things to Improve in the Data Act, 2022, abrufbar unter: https://ssrn.com/abstract=4051793

Gsell, Beate et al. (Hrsg.), Beck-online Großkommentar BGB, Stand 01.08.2022
(zit.: *Bearbeiter* in: BeckOGK-BGB, 2022, § Rn.)

Habich, Erik, FRAND Access to Data: Perspectives from the FRAND Licensing of Standard-Essential Patents for the Data Act Proposal and the Digital Markets Act, IIC 2022, S. 1343-1373

Hacker, Philipp, KI und DMA – Zugang, Transparenz und Fairness für KI-Modelle in der digitalen Wirtschaft, GRUR 2022, S. 1278-1285

Heermann, Peter W./Schlingloff, Jochen (Hrsg.), Münchner Kommentar zum Lauterkeitsrecht, Band 2, 3. Auflage, München 2022
(zit.: *Bearbeiter* in: MüKo-Lauterkeitsrecht, Band 2, 2022, § Rn.)

Hennemann, Moritz/*Steinrötter*, Björn, Data Act – Fundament des neuen EU-Datenwirtschaftsrechts?, NJW 2022, S. 1481-1486

Hennemann, Moritz/*von Ditfurth*, Lukas, Datenintermediäre und Data Governance Act, NJW 2022, S. 1905-1910

Herbers, Björn, Der Digital Markets Act (DMA) kommt – neue Dos and Don´ts für Gatekeeper in der digitalen Wirtschaft, RDi 2022, S. 252-259

Hess, Felix, Ein Blick über den TellerRAND: Die Bereitschaft *„to accept whatever terms are FRAND"* in Deutschland und England, NZKart 2022, S. 437-442

Immenga, Ulrich/Mestmäcker, Ernst-Joachim (Begr.), Wettbewerbsrecht – Kommentar, herausgegeben von Torsten Körber, Heike Schweitzer und Daniel Zimmer, Band 3: Fusionskontrolle, 6. Auflage, München 2020
(zit. *Bearbeiter* in: Immenga/Mestmäcker, Wettbewerbsrecht, 2020)

Kempny, Simon/*Krüger*, Heike/*Spindler*, Martin, Rechtliche Gestaltung von Datentreuhändern - Ein interdisziplinärer Blick auf „Data Trusts", NJW 2022, S. 1646-1650

Kerber, Wolfgang, Datenrechtliche Aspekte des Digital Markets Act, ZD 2021, S. 544-548

Kerber, Wolfgang, Governance of IoT Data: Why the EU Data Act will not fulfill its objectives, 2022, online first in GRUR Int. 2022 (https://doi.org/10.1093/grurint/ikac107), abrufbar unter: https://ssrn.com/abstract=4080436

Kerber, Wolfgang, Data Governance in Connected Cars: The Problem of Access to In-Vehicle Data, JIPITEC 2018, S. 309-331

Klink-Straub, Judith/ *Straub*, Tobias, Data Act als Rahmen für gemeinsame Datennutzung, ZD-Aktuell 2022, 01076

Köhler, Helmut/ Bornkamm, Joachim/ Feddersen, Jörn (Hrsg.), Gesetz gegen den unlauteren Wettbewerb, 40. Auflage, München, 2022
(zit.: *Bearbeiter* in: Köhler/Bornkamm/Feddersen, UWG, 2022, § Rn.)

Kornmeier, Udo/*Baranowski*, Anne, Das Eigentum an Daten – Zugang statt Zuordnung, BB 2019, S. 1219-1225

Krönke, Christoph, Öffentliches Digitalwirtschaftsrecht, Tübingen 2020

Leistner, Matthias/*Antoine*, Lucie, IPR and the use of open data and data sharing initiatives by public and private actors; Policy Department for Citizens' Rights and Constitutional Affairs Directorate-General for Internal Policies, Brüssel, 2022, abrufbar unter: https://www.europarl.europa.eu/RegData/etudes/STUD/2022/732266/IPOL_STU(2022)732266_EN.pdf

Linsmeier, Petra/*Haag*, Kathrin, Datenzugangsansprüche nach dem neuen § 20 Abs. 1a GWB, in: Sozietät Gleiss Lutz (Hrsg.), Festgabe für Rainer Bechtold zum 80. Geburtstag, 2021, S. 185-201
(zit.: *Bearbeiter* in: FS Bechtold, 2021, S.)

Loewenheim, Ulrich/Meessen, Karl M./Riesenkampff, Alexander/Kersting, Christian/Meyer-Lindemann, Hans Jürgen (Hrsg.), Kartellrecht, Kommentar zum Deutschen und Europäischen Recht, 4. Auflage, München 2020
(zit.: *Bearbeiter* in: Loewenheim et al., Kartellrecht, 2020, § Rn.)

Lundqvist, Björn, Competition and Data Pools, Journal of European Consumer and Market Law Volume 7, Issue 4 (2018), S. 146-154

Mariños, Begoña Garcia, Technological Incompatibility, Endogenous Switching Costs and Lock-In, Journal of Industrial Economics 2001, S. 281-298

Ohm, Paul/*Kim*, Nathaniel, Legacy Switches: A Proposal to Protect Privacy, Security, Competition, and the Environment from the Internet of Things, 2022, abrufbar unter: https://ssrn.com/abstract=4149789

Paal, Boris P./*Pauly*, Daniel, Datenschutzgrundverordnung Bundesdatenschutzgesetz, 3. Auflage, München 2021
(zit.: *Bearbeiter* in: Paal/Pauly, DS-GVO BDSG, 2021, § Rn.)

Peiß, Thomas, „Predictive Maintenance": Der ungehobene Schatz der Industrie, BayernLB Research, 2018

Picht, Peter Georg, Caught in the Acts: Framing Mandatory Data Access Transactions under the Data Act, further EU Digital Regulation Acts, and Competition Law, Max Planck Institute for Innovation and Competition Research Paper No. 22-12 abrufbar unter: https://ssrn.com/abstract=4076842

Podszun, Rupprecht, Handwerk in der digitalen Ökonomie, Baden-Baden 2021

Podszun, Rupprecht, Empfiehlt sich eine stärkere Regulierung von Online-Plattformen und anderen Digitalunternehmen?, Gutachten F zum 73. Deutschen Juristentag Hamburg 2020/Bonn 2022, München 2020

Podszun, Rupprecht, Should Gatekeepers be allowed to combine Data? Ideas for Art. 5(a) of the Draft Digital Markets Act, GRUR Int. 2022, S. 197-205

Podszun, Rupprecht/*Bongartz*, Philipp/*Kirk*, Alexander, Digital Markets Act – Neue Regeln für Fairness in der Plattformökonomie, NJW 2022, S. 3249-3312

Podszun, Rupprecht/*Pfeifer*, Clemens, Datenzugang nach dem EU Data Act: Der Entwurf der Europäischen Kommission, GRUR 2022, S. 953-961

Prufer, Jens/*Schottmüller*, Christoph, Competing with Big Data, TILEC Discussion Paper, 2017, abrufbar unter: https://ssrn.com/abstract=2918726

Reiter, Julius/*Methner*, Olaf/*Schenkel*, Bénédict, Einführung eines „Mobilitätsdatenwächters" für eine verbrauchergerechte Datennutzung, Gutachten für vzbv, 15.11.2022, abrufbar unter: https://www.vzbv.de/sites/default/files/2022-11/22-11-15_Gutachten_Mobilit%C3%A4tsdatenw%C3%A4chter_BRC_2022-15-11_Clean_Finalversion.pdf

Säcker, Franz Jürgen/Meier-Beck, Peter/Bien, Florian/Montag, Frank (Hrsg.), Münchener Kommentar zum Wettbewerbsrecht, Band. 2, 4. Auflage, München, 2022 (zit. *Bearbeiter*, in: MüKo-Wettbewerbsrecht, Band 2, 2022)

Sato, Susumu, Usage Lock-In and Platform Competition, 2022, abrufbar unter: https://ssrn.com/abstract=3864942

Schlinkert, Hans-Jürgen, Industrie 4.0 - wie das Recht Schritt hält, ZRP 2017, S. 222-225

Schmidt-Rimpler, Walter, Zum Vertragsproblem, in: Baur, Fritz/ Esser, Josef/ Kübler, Friedrich/ Steindorff, Ernst (Hrsg.), Funktionswandel der Privatrechtsinstitutionen, Festschrift für Ludwig Raiser zum 70. Geburtstag, Tübingen 1974, S. 3-26
(zit.: Bearbeiter in: FS Raiser, 1974, S.)

Schweitzer, Heike, Datenzugang in der Datenökonomie: Eckpfeiler einer neuen Informationsordnung, GRUR 2019, S. 569-580

Schweitzer, Heike/*Haucap*, Justus/*Kerber*, Wolfgang/*Welker*, Robert, Modernisierung der Missbrauchsaufsicht für marktmächtige Unternehmen, 2018, abrufbar unter: https://www.bmwk.de/Redaktion/DE/Publikationen/Wirtschaft/modernisierung-der-missbrauchsaufsicht-fuer-marktmaechtige-unternehmen.pdf

Schweitzer, Heike/*Metzger*, Axel/*Blind*, Knut/*Richter*, Heiko/*Niebel*, Crispin/*Gutmann*, Frederik, Data access and sharing in Germany and in the EU: Towards a coherent legal framework for the emerging data economy, Final Report, 8 July 2022 (Gutachten für das Bundesministerium für Wirtschaft und Klimaschutz, abrufbar unter https://www.bmwk.de/Redaktion/DE/Publikationen/Digitale-Welt/20221026-data-access-and-sharing-in-germany-and-in-the-eu.pdf)

Schweitzer, Heike/*Welker*, Robert, A Legal Framework for Access to Data – A Competition Policy Perspective, 2021, abrufbar unter: https://ssrn.com/abstract=3693874

Specht-Riemenschneider, Louisa, Data Act - Auf dem (Holz-)Weg zu mehr Dateninnovation?, ZRP 2022, S. 137-140

Specht-Riemenschneider, Louisa, Der Entwurf des Data Act, MMR 2022, S. 809-826

Staudenmayer, Dirk, Die Anpassung des Privatrechts an die digitale Wirtschaft, IWRZ 2020, S. 147-157

Staudenmayer, Dirk, Privatrechtsregeln für Datenzugangsrechte, EuZW 2022, S. 1037-1043

Streinz, Rudolf (Hrsg.), EUV/AEUV, 3. Auflage, München 2018
(zit. *Bearbeiter*, in: Streinz, EUV/AEUV, 2018, Art. Rn.)

Tribess, Alexander, Datenzugangsrechte in der Plattformökonomie
Auswirkungen der P2B-Verordnung im Bereich datenschutzrechtlicher Transparenzpflichten, ZD 2020, S. 440-444

Verbraucherzentrale Bundesverband e.V., Verbraucher:innen beim Data Act im Blick behalten, 2022, abrufbar unter: https://www.vzbv.de/sites/default/files/2022-05/22-05-13_vzbv-Stellungnahme_Data-Act.pdf

Verbraucherzentrale Bundesverband e.V., Mobilitätsdatenwächter – Digitale Privatheit bei vernetzten Fahrzeugen für alle Verbraucher:innen gewährleisten, 2022, abrufbar unter: https://www.vzbv.de/sites/default/files/2022-11/22-11-18-MR_vzbv_Positionspapier%20Mobilit%C3%A4tsdatenw%C3%A4chter_clean_Finalversion_PDF_0.pdf

Wischmeyer, Thomas/*Herzog*, Eva, Daten für alle? - Grundrechtliche Rahmenbedingungen für Datenzugangsrechte, NJW 2020, S. 288-293

Witzel, Michaela, Der Entwurf des Data Act und seine Vorgaben an die Vertragsgestaltung: Missbräuchliche Klauseln - Fairness-Standards - Schwarze und Graue Klauseln, CR 2022, S. 561-566

Wolk, Michael, The iPhone Jailbreaking Exemption and the Issue of Openness, Cornell Journal of Law and Public Policy, Volume 19 (2010), S. 796-828

Xeniadis, Anastasios/*Kühnert*, Heinrich, Missbrauchskontrolle auf Sekundärmärkten, WuW 2008, S. 1054-1064

ZDH (Zentralverband des Deutschen Handwerks), Stellungnahme zur Bewertung des Kommissionsvorschlags für ein Europäisches Datengesetz KOM(2022) 68 final, Brüssel, 2022, abrufbar unter https://www.hwk-koblenz.de/downloads/stellungnahme-europaeisches-datengesetz-52,1654.pdf

Zech, Herbert, Daten als Wirtschaftsgut – Überlegungen zu einem „Recht des Datenerzeugers“: Gibt es für Anwenderdaten ein eigenes Vermögensrecht bzw. ein übertragbares Ausschließlichkeitsrecht?, CR 2015, S. 137-146

Zech, Herbert, Informationen als Schutzgegenstand, Tübingen 2012